Edelbauer Kaffee

Leopold J. Edelbauer

Kaffee

**Alles über ein Genußmittel
das die Welt veränderte**

Pichler Verlag

Für Gudrun

ISBN 978-3-85431-203-1

Lektorat: Gerlinde Hinterhölzl
Umschlaggestaltung: Bruno Wegscheider
Layout und Produktion: CH&ERN design, Wien
Reproduktion: Inovamedia, Wien
Druck und Bindung: Druckerei Theiss GmbH, 9431 St. Stefan

Vorwort

Als echter Wiener bin ich natürlich kaffeesüchtig. Kaffee hat mich mein Leben lang begleitet: Während des Studiums half er mir beim Lernen, als Journalist schärfte er meine Sinne, in der Funktion als Fernsehdirektor beflügelte er meine Phantasie, und den Wiener Bürgermeister unterstützte er beim Entwirren komplizierter Konstellationen.

Als Dank für meinen enormen Kaffeekonsum, so vermute ich, wurde in meiner Straße das „Café Zilk" eröffnet. Das erste europäische Kaffeehaus öffnete seine Pforten leider nicht in Wien; dafür entstand hier eine einzigartige Kaffeekultur. Die Wiener Kaffeesieder entwickelten aus dem schwarzen Türkengebräu unzählige köstliche Kaffeespezialitäten.

Nun hat mein Freund Leo ein Kaffee-Kompendium verfaßt. Er hat das Kaffeegeschäft in vielen Jahren gründlich erlernt und sich mit den Eigenschaften der Kaffeebohnen auch wissenschaftlich auseinandergesetzt. Er ist eine Art „Kaffee-Apostel", will er doch jeden Menschen dazu bekehren, ausschließlich besten Kaffee zu trinken – und wie man hochwertige Qualität erkennt, Kaffee richtig zubereitet, das beschreibt er unter anderem sehr ausführlich und gut nachvollziehbar in vorliegendem Buch.

Dr. Helmut Zilk   Wien, Jänner 2000

Vorwort

Wenn man heute in unserer Wohlstandsgesellschaft Kaffee trinkt, dann wissen sicher die wenigsten, wieviel harte Arbeit dahintersteht und wie wenig Lohn die Kaffeebauern dafür bekommen.

So auch in Äthiopien, jenem Land, in dem die Kaffeepflanze entdeckt wurde. – Seine Provinz Kaffa hat dem köstlichen Getränk den Namen gegeben. Ich wünsche mir, daß Äthiopien, von der Weltbank immer noch als eines der ärmsten Länder der Erde geführt, und insbesondere seine Menschen, gerechter behandelt werden; eine faire Kaffeewirtschaft könnte dazu einen wesentlichen Beitrag leisten.

Karlheinz Böhm   Jänner 2000

Einleitung

25 Millionen Menschen sind weltweit mit dem Anbau, der Verarbeitung und dem Vertrieb von Kaffee beschäftigt. Dabei bedarf es eines umfangreichen Wissens über Kaffee. Vorliegendes Buch gibt jenen Menschen Auskunft, die mit Rohkaffee zu tun haben, aber auch Röstern und Gastronomen, und es enthält Wichtiges und Interessantes für den Haushalt. Die weitverbreitete Meinung „bei Kaffee gibt es keine Unterschiede – die Maschine bereitet den Kaffee" wird hier gründlich widerlegt. In übersichtlicher Form erfahren Sie das Wichtigste über Kaffee.

Kaffee ist eines der bedeutendsten internationalen Handelsgüter und steht knapp hinter dem Erdöl an zweiter Stelle der Welthandelsprodukte. Kaffee nimmt nicht nur in wirtschaftlicher Hinsicht eine Sonderstellung ein, er ist auch wichtiger Bestandteil des täglichen Lebens. Was wären ein Frühstück und zahlreiche gesellschaftliche Anlässe ohne Kaffee! Nicht nur der Fachmann sollte viel mehr über Kaffee wissen. Kaffee ist ein Gegenpol zu Alkohol. Während Alkohol müde macht, regt Kaffee an und weckt die Lebensgeister. Es gibt viele gute Gründe, sich mit Kaffee zu befassen, auch weil er in der Medizin eine wichtige Rolle spielt. Eine Anregung für die Medien: Information und Aufklärung.

Dieses Buch soll allen, die mit Kaffee zu tun haben, ob Hausfrau, Tourismus-Schüler, Gastronom, Kaffeesieder oder Hotelier dazu dienen, Kaffee bekömmlich und geschmackvoll zubereiten zu können.

Es hat damit begonnen, daß ich oft Menschen getroffen habe, die Kaffee nicht gut vertragen. Ich begann Versuche zu machen und habe den Personen mit Problemen Kaffee zum Testen gegeben. Dieser Testkaffee war frei von Robusta-Bohnen und siehe da, die Leidgeprüften konnten wieder ohne Nebenwirkungen Kaffee trinken. Der Konsument hat leider keine Möglichkeit, sich über den Inhalt einer Kaffeepackung zu informieren, weil es keine gesetzliche Auszeichnungspflicht für Kaffee gibt. Mit dieser Erkenntnis und einer Importstatistik informierte ich im Jahre 1993 den damaligen Gesundheitsminister Dr. Michael Ausserwinkler, welcher auch zu einem Forschungsprojekt in dieser Richtung bereit war. Dr. Ausserwinkler wurde abberufen, es folgte ihm Frau Dr. Kramer, welche mir in einem Schreiben unter anderem mitteilte: „Bei Kaffee handelt es sich um ein seit Jahrhunderten bekanntes, weit verbreitetes Lebensmittel. Nach heutigem Wissensstand besteht kein besonderer Verdacht bezüglich schädigender Einflüsse auf den menschlichen Organismus, abgesehen von Überempfindlichkeit gegen Coffein."

Es ist allerdings eindeutig belegt, daß nicht die Überempfindlichkeit gegenüber Coffein, sondern der erhöhte Gehalt an Alkaloiden (im besonderen an Chlorogensäure und Coffein) dem Konsumenten Probleme bereiten können. Daher kein Kaffee mit Robusta! Natürlich wäre eine gesetzliche Auszeichnungspflicht – wo erforderlich, verbunden mit Sanktionen – notwendig. So kann sich der Konsument über den Inhalt der Kaffeepackung informieren und wird nicht betrogen, denn die Aussage „Kaffee ist erst Kaffee, wenn Robusta drinnen ist!" kann nur von einem Zauberer stammen. Es handelt sich dabei nicht um eine Geschmacksempfindung, sondern um bekömmlich oder nicht bekömmlich.

Werden Sie ein „Apostel des Kaffees" mit umfangreichem Wissen über Kaffee und die Kultur des Kaffeetrinkens! Ergänzen und vervollkommnen Sie Ihr Wissen mit diesem Buch! Sie sollen Kenner und Spezialist werden, mit Kenntnissen über die Geschichte des Kaffees, über Anbau, Ernte und Verarbeitung und sich zu einem Meister im Zubereiten von Kaffee heranbilden!

Leider ist oftmals der Preis wichtiger als die Qualität. Wenn Sie Bescheid wissen über den Weg vom Rohkaffee bis zum genußfertigen Getränk in der Tasse und wenn Sie dann Ihr Wissen auch umsetzen können, werden Sie nicht nur im Familienkreis, sondern auch bei Ihren Gästen und im weiteren Rahmen in der Gastronomie bei Ihren Kunden mit Ihrer Kaffeequalitiät viel Erfolg haben.

Auch im rein professionellen Bereich, beim Kaffeeverkauf, wird man mit Fachwissen wesentlich erfolgreicher sein als im Verkauf über den Preis. Die Folgen des Preisverkaufes wirken sich natürlich nachteilig aus auf den Röster, die Gastronomie und dann letztendlich auch auf den Gast. Der Röster ist durch den niedrigen Preis gezwungen, billigen Rohkaffee einzukaufen. In der Gastronomie verliert der Kaffee an Qualität, und der Gastronom verliert dadurch den Gast. Die fixen Kosten bleiben jedoch. Es wird für den Röster und auch für den Gastronomen ein Teufelskreis. Natürlich gilt diese Problemstellung auch für Handel und Detailverkauf.

Der Weg zur guten Tasse

Eine gute Tasse Kaffee kann die Weltanschauung ändern
Josef Meier O'Mayr

Faustregeln zur Kaffeequalität

Kein Kaffee gleicht dem anderen. Am Weg vom Kaffeesamen bis zum fertigen Getränk sorgen vielfältige Faktoren dafür, daß jede Tasse Kaffee einzigartig schmeckt. Die Qualität der Bohnen hängt vom Wetter und vom Bodentyp im Anbaugebiet sowie von der Erntetechnik ab. Auch Aufbereitungsmethoden, Lagerbedingungen und Verschiffungsmodalitäten beeinflussen die Qualität der Kaffeebohne. Von großer Bedeutung sind im weiteren die Art der Röstung und die Mischung verschiedener Sorten in den Verbraucherländern.

Und zuletzt bestimmt der Konsument selbst über Dosierung, Wasserqualität und Zubereitungsart, wie gut „sein" Kaffee schmeckt. Auch die Wasserqualität beeinflußt das Ergebnis; wie ein Kaffee schmeckt, welches Aroma er in der Tasse entfaltet und wie sich ein Schluck davon im Mund und auf der Zunge anfühlt, wird vom Wasser entscheidend mitbestimmt.

Das Zusammenspiel mehrerer Faktoren bestimmt das Ergebnis in der Tasse:
Qualität der Kaffeebohnen
Inhaltsstoffe des Wassers
Mahlgrad
Dosierung der Portion
Brühtemperatur
Kontaktzeit zwischen Wasser und Kaffeemehl

Qualität der Bohnen

Verwenden Sie nur Kaffee bester Qualität. Der Kaffee soll zu 100 % aus besten Arabica-Bohnen bestehen. Verwenden Sie keinen Kaffee, der mit „Robusta" vermischt ist. Unser südlicher Nachbar, Italien, verwendet sehr viel Robusta und ist auch der Meinung, Kaffee ist erst dann Kaffee, wenn Robusta beigemengt ist.Versichern Sie sich, ob Ihr Kaffeelieferant ein Kaffee-Experte und ein guter Ratgeber ist. Am besten aber, Sie besuchen selbst einen Kaffeekurs!

Warum nicht Robusta?
- erdig muffiger Geschmack
- rauher, scharfer Abgang
- erhöhter Gehalt an Alkaloiden (v. a. Chlorogensäure und Coffein)
  Chlorogensäure verursacht Sodbrennen und Magenschmerzen. Zuviel Coffein führt zu Zittern, Unwohlsein bis zum Schweißausbruch, Herzflattern und Schlaflosigkeit, erhöhtem Stoffwechsel und Harndrang.

Wasser ist nicht gleich Wasser

Leitungswasser zeigt eine andere Zusammensetzung als Regen- oder Mineralwasser. Gefiltertes oder entmineralisiertes Wasser verleihen dem Kaffeegetränk besseren Geschmack als stark gechlortes. Welches Wasser jedoch für die Zubereitung eines wohlschmeckenden Kaffees am geeignetsten ist, muß letztlich unbeantwortet bleiben – der Zusammenhang zwischen der Wasserqualität und der jeweiligen Kaffeesorte ist äußerst komplex. Man kann Empfehlungen aussprechen, weil man weiß, daß die Härte des Wassers, der Inhalt an gelösten Mineralstoffen und Salzen und der Chlorgehalt die Qualität des Kaffeegetränks mitbestimmen.
Eine Grundregel besagt, daß zur Zubereitung von Kaffee stets frisches Wasser verwendet werden soll; abgestandenes oder zu lange warm gehaltenes ist sauerstoffarm und von flachem Geschmack. Am besten eignet sich Wasser mit 5 bis 7 deutschen Härtegraden. Zu weiches, also kalkarmes Wasser, betont die Säure des Kaffees zu stark. Das Um und Auf bleibt es jedoch, Kaffee immer frisch zu zubereiten bzw. zu brühen.

Der bedeutsame letzte Schritt bei der Kaffeezubereitung ist der Aufguß. Von Großmutters Kannenaufguß bis zum Einsatz einer modernen Haushalts-Espressomaschine reichen die Möglichkeiten, um zu einem wohlschmeckenden Kaffee zu kommen. Ganz gleich für welche Zubereitungsart Sie sich entscheiden, die hier angeführten Grundregeln sollten stets beachtet werden.

Silberne Kaffeekanne im Empire-Stil.

Der Aufguß (Brühkaffee) hat ein schlechtes Image und wird von vielen Konsumenten als minderwertig abgestempelt – jedoch unberechtigterweise! Ein Aufgußkaffee ist sehr bekömmlich und hochwertig im Geschmack.

Zu beachten beim Mahlen

Der Kaffee sollte schonend gemahlen werden, das heißt, es ist darauf zu achten, daß während der Mahlung keine zu große Wärme entsteht. Die Partikelgröße bestimmt, wieviel Oberfläche des Kaffees mit dem Brühwasser in Kontakt kommt. Durch feine Mahlung wird die Oberfläche vergrößert, durch eine gröbere verkleinert. Achten Sie immer darauf, daß der Kaffee die passende Mahlung für die jeweilige Zubereitungsmethode aufweist.

Ist die Mahlung zu fein, wird die Auslaufzeit verlängert oder der Kaffee läuft nicht. Er tropft oder der Ausfluß ist zu dünn; er reißt ab, der Schaum wird dunkel. Auch den ausgepreßten Kaffeesud, „Kuchen" genannt, sollte man prüfen. Ist der Kaffee zu grob gemahlen, ist die Auslaufzeit zu kurz, die Creme bricht sofort zusammen.

Einstellen einer Portionsmühle

Wie prüfe ich:

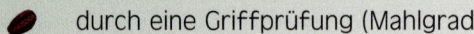

- durch eine Griffprüfung (Mahlgrad)
- durch Zubereiten einer Probe , für die ich ca. 8 Gramm in die Coppa gebe

Es bestehen nun zwei Möglichkeiten: Entweder ich habe getroffen oder ich muß die Mahlung verstellen. Bei idealer Kombination von Gewicht des Mahlgutes und der Mahlung genügt es, das Mahlgut mit den dafür vorgesehenen Stempeln zu glätten. Überdurchschnittliches Pressen ist auf jeden Fall zu vermeiden.

Dosierung der Portion

Überdosierung

Die Überdosierung erkennt man meistens an der Farbe des Kaffees. Der Kaffee ist zu dunkel. Für die richtige Dosierung braucht man etwas Übung. Der Geschmack in der Tasse wird über die Dosierung wesentlich bestimmt.

Da die Aromastoffe bei Wärmezufuhr verlorengehen, ist die Mühle, so wie hier, in einem bestimmten Mindestabstand zur Kaffeemaschine aufzustellen.

Unterdosierung

Die Farbe des Getränks wird bei einer Unterdosierung sehr hell sein. Kaum eine Creme, schneller Durchlauf. Die Zubereitung von Kaffee erfordert große Präzision. Jede kleine Abweichung verändert den Geschmack, weswegen sowohl auf die Dosierung als auch auf die Mahlung zu achten ist. Schon eine Stufe Differenz bei der Mahlung ergibt einen anderen Kaffee.

Kaffee in der Musik

Von Ludwig van Beethoven ist bekannt, daß er sich der Zubereitung seines geliebten Kaffees mit einer Sorgfalt widmete, die an Pedanterie grenzte. Für jede Tasse Kaffee zählte er präzise 60 Bohnen, um sicher zu sein, daß jede Tasse gleich schmeckt. 60 Bohnen wiegen etwa 8 Gramm, jedoch nicht immer, weil ja kleine Unterschiede in der Bohnengröße bestehen.

Johann Sebastian Bach setzte dem Kaffee ein musikalisches Denkmal. Die berühmte *Kaffeekantate*, die er nach dem Text von Christian Friedrich Henrici, genannt Picander, komponierte, wurde 1732 uraufgeführt.

Ein Kanon zu drei Stimmen von K. G. Hering *C-a-f-f-e-e* warnt Kinder vor dem Genuß von schwarzem Kaffee mit launigen Worten und einer hübschen Melodie.

Um noch einmal auf die erforderliche Präzision zurückzukommen, der ja leider schon lange keine Aufmerksamkeit mehr geschenkt wird: Eine Ausbildung für die Zubereitung von Kaffee gibt es nicht. Die Aussage „Die Maschine kocht den Kaffee!" hört man nur allzu oft, und diese Haltung geht zumeist auf Kosten der Qualität.

Natürlich muß man sich mit jeder Sache vertraut machen, die man verstehen und beherrschen will. Auch gilt es zu bedenken, daß der Kaffee im Osten Österreichs (Wiener Raum) anders zubereitet wird, als in den westlichen Bundesländern, was sich bereits an der Menge in der Tasse erkennen läßt.

Kaffee kochen, Kaffee zubereiten

Grundsätzlich gibt es drei verschiedene Arten, „Kaffee zu machen". Beim Türkischen Kaffee spricht man von Kochen, bei der Filtermethode wie beim Espresso von Zubereiten.
Wir unterscheiden also drei Zubereitungsarten: türkische Methode, Filtern und Espresso.

Beim Türkischen Kaffee wird das feinstgemahlene Kaffeepulver in Wasser eingeweicht und gekocht (dreimal aufkochen lassen).

Bei der Filtermethode wird heißes Wasser über das etwas körnig gemahlene Mahlgut gegossen.
Wir können aus vier Filterarten wählen:
- Filtertüte
- Flachfilter
- Karlsbader Porzellanfilter
- Metallfilter

Die Kontaktzeit (die Zeitspanne vom Kontakt des ersten Wassertropfens mit dem Kaffee bis zum Abschluß des Durchlaufes) hängt von verschiedenen Gegebenheiten ab:

- von der Portionierung (Menge des Kaffeemehls für eine Tasse)
- von der Mahlung (Mahlgrad)
- von der Durchlässigkeit der Filter

Der Espresso wird unter starkem Druck zubereitet. Dadurch gelangt eine große Menge der im Kaffee enthaltenen Stoffe in die Tasse.

Beispiel Filteraufguß

Eine genaue Gewichtsangabe ist nicht möglich, weil Geschmack eben individuell sehr verschieden ist. Voraussetzungen für guten Filterkaffee sind:

- eine mittlere Mahlung, nach Möglichkeit schonend (handgemahlen), jede Veränderung bezüglich Mahlgrad ergibt einen anderen Geschmack;
- das richtige Gewicht.

Da „richtig" immer nur eine subjektive Empfindung sein kann, möchte ich hier keine Empfehlung abgeben. Sie als Kaffeegourmet müssen selbst feststellen, wieviel Sie portionieren, wie stark oder schwach der Kaffee sein soll. Eine Regel besagt, daß bei einem Aufguß von nur einer Tasse etwas mehr Kaffeepulver genommen werden soll; also

Mühle im Greißlerladen, Wiener Industrie, um 1900.

z. B. 10 Gramm, das entspricht einem gut gehäuften Eßlöffel. Für jede weitere Tasse geben Sie 6 Gramm dazu. Doch nochmals mein Tip: Bestimmen Sie selbst durch Probieren das richtige Gewicht für „Ihren" Kaffee!

Sorgfalt ist die Voraussetzung, die man bei der Zubereitung von Kaffee braucht. Meistens ist es so, daß man sich für die Zubereitung von Kaffee keine Zeit nimmt. Ich habe verschlafen – das Büro wartet, noch schnell einen Kaffee: irgendeinen. Bitte nicht so!
Kaffee soll die Lebensgeister wecken. Er tut es auch! Jedoch nur dann, wenn er richtig behandelt wird, dahingehend möchte ich Sie im weiteren informieren.

Links: Vorläufer der Espressomaschine, beheizt mit Spiritus, Wien 1869.
Rechts: Kaffeekocher mit Wasserpfeife, gebräuchlich in England und Deutschland, um 1900.

Kaffee in der Gastronomie

Lieber wechsle ich meine Geliebte als mein Kaffeehaus
Stendhal

Ohne Konditorei hätte ich nicht arbeiten können, das wichtigste Schreibmaterial ist der Kaffee.
Joseph Roth

Hier wird Kaffee leider sehr oft vernachlässigt. Es beginnt bereits beim Einkauf. Zuerst wird über den Preis verhandelt und erst später nach der Qualität gefragt. Natürlich wäre es gescheiter, sich vor dem Einkauf mit einer vernünftigen Probe über die Qualität zu informieren und erst danach über den Preis zu verhandeln. Umfassendes Wissen und excellente Geschmacksausbildung sind ganz wichtig. Einer der grundlegenden Fehler ist der mangelhafte Unterricht in Fachschulen, in denen die zukünftigen „Kaffeespezialisten" über Qualität und Geschmack des Kaffees nicht ausreichend informiert werden. Daher ist es auch verständlich, daß in der Praxis, oft aus Unwissen, sehr schlechte Qualitäten angeboten werden.

WER NICHT AUF QUALITÄT ACHTET, VERLIERT DEN KUNDEN.

Ein wichtiger Punkt ist auch das Gewicht. Der Gastronom möchte und muß, wie heute jeder, sparen. Er sollte es aber nicht am falschen Platz tun, denn das Portionsgewicht ist äußerst wichtig für das Endprodukt, nämlich für einen ausgezeichneten Kaffee. Zusätzlich wichtig ist die Ausstattung und die Einstellung der Maschine, denn sie bestimmen den Druck, die Temperatur und natürlich auch, wie der Kaffee auf die Siebbeschaffenheit reagiert.
Weit verbreitet ist die Meinung: „Kaffee zubereiten brauche ich nicht zu lernen, denn die Maschine macht den Kaffee allein." Aber leider – oder Gott sei Dank – führen Maschinen nur aus, worauf sie der Mensch programmiert. Gepflegter Kaffee will sorgfältig zubereitet sein, besonders wichtig sind:

- Abstimmen der Mahlung
- Abwiegen der (subjektiv) „richtigen" Kaffeemenge
- Regulieren der Wassermenge
- Finden der richtigen Temperatur
- Auswählen der dem Gewicht entsprechenden Siebe

Wurden alle diese Punkte befolgt, gilt es weiteres zu beachten. So muß beim Zubereiten sorgfältig portioniert und die richtige Lage des Mahlgutes im Sieb kontrolliert werden. Gibt es seitlich im Sieb eine freie Stelle, kann das Wasser dort rascher durchfließen – das Mahlgut wird nicht voll ausgewertet. Der Kaffee soll so gemahlen sein, daß ein übermäßiges Pressen nicht erforderlich ist; ein leichtes Glätten muß genügen. Der Siebträger ist so einzusetzen, daß das Mahlgut an das obere Sieb gepreßt wird. Ein Blick genügt, um das richtige Fließen des Kaffees zu beurteilen: cremig, zügig und ohne abzureißen.

Zubereiten von Kaffee in der Gastronomie, wie es nicht sein soll: Beim Besuch einer Schubertiade in Schwarzenberg im schönen Bregenzerwald wollten wir Kaffee trinken. Auf meine Frage, ob dieser Kaffee nach der Brühmethode zubereitet worden sei, da die Oberfläche ganz nach Brühkaffee aussah, was nichts gegen die Qualität des Brühkaffees sagen soll, waren die Servicekräfte etwas verwirrt und meinten: „Wir helfen nur aus, aber es ist eine Espressomaschine." Doch wer sich in der Gastronomie auskennt, weiß, daß ein Espresso, so er ordentlich zubereitet wurde, eine Creme hat, wenngleich diese nicht unbedingt ein Garant für hohe Kaffeequalität ist.
Warum ist gerade der Kaffee in jeder Hinsicht ein Stiefkind? Auch bei Veranstaltungen wird Kaffee meist von ungelernten Mitarbeitern zubereitet, obwohl der Konsument den vollen, wenn nicht einen erhöhten Preis dafür bezahlt

Kaffeeautomaten
Das Einstellen der vollautomatischen Espressomaschinen ist eine sehr sensible Angelegenheit. Das Abstimmen von Mahlung und Gewicht ist für das Erreichen einer gleichbleibenden Qualität sehr wichtig. Auch die Durchlaufzeit des Wassers muß stimmen – ein Zusammenspiel vieler Faktoren. In den Kaffeebehälter sollte nur so viel Kaffee gefüllt werden, als innerhalb kurzer Zeit verbraucht wird. Der Behälter und somit auch der darin enthaltene Kaffee ist starker Wärme ausgesetzt, und das ist schlecht für die flüchtigen Aromastoffe des Kaffees.

Espresso und Creme

Die Sichtprüfung der Creme, die den Espresso bedeckt, bereitet uns auf das Trinken vor und liefert wichtige Hinweise bezüglich korrekter Zubereitung und Zusammensetzung der Mischung:

– Ist die Creme hell mit gleichmäßig weißlich-gelber Farbe, so ist der Kaffee „unterextrahiert", Wassertemperatur und/oder Druck sind zu niedrig oder die Extraktionszeit ist zu kurz aufgrund einer zu geringen Dosis oder einer zu groben Körnung (Mahlung).

– Ist die Creme hingegen dunkelbraun, fast schwarz auf der einen bis zu weiß auf der anderen Seite schattiert, so ist der Espresso „überextrahiert". Temperatur und/oder Druck des Wassers sind zu hoch oder die Extraktionszeit ist aufgrund einer zu großzügigen Portionierung oder einer zu feinen Körnung zu lang. Die korrekte Extraktion ergibt eine Creme gleichmäßiger Farbe, bestenfalls von dunklen Streifen durchzogen, die als „Tigerstreifen" bezeichnet werden.

– Tendiert die Farbe hingegen zu Dunkelbraun mit grauschattierten Reflexen, und sind die Bläschen der Creme größer und weniger kompakt, so enthält die Mischung überwiegend Robusta-Kaffee. Hat die Creme eine intensiv nußbraune Färbung mit rötlichen Reflexen und kleinen, kompakten Bläschen, so besteht die Mischung überwiegend oder ausschließlich aus Arabica-Kaffee.

Kaffeezubereitung im Haushalt

Auch im Haushalt gibt es vielfältige Möglichkeiten, ausgezeichneten Kaffee zuzubereiten. Liebe und Sorgfalt sind dabei wiederum Voraussetzungen für höchsten Kaffeegenuß. Genaues Abwiegen ist erforderlich! Notieren Sie das Gewicht des verwendeten Kaffeepulvers und prüfen Sie, ob Sie damit Ihren Geschmack getroffen haben oder ob Sie etwas mehr oder aber weniger Stärke möchten. Die Gewichtskontrolle ist bei jeder Zubereitung hilfreich.

Türkische Zubereitung

Das alte türkische Kännchen für eine, zwei oder drei Tassen. Dazu benötigen Sie feinstgemahlenen (mehlfeinen) Kaffee. Sie füllen zuerst Kaffee und Zucker (auch ohne Zucker möglich) in das Kännchen, rühren mit einem Löffel durch, gießen kaltes Wasser darüber und lassen das ganze dreimal kurz aufkochen. Sobald der Kaffee sich

gesetzt hat, füllen Sie die Tassen auf. Der türkische Kaffee kann ohne Zucker getrunken werden, es gibt aber auch die Möglichkeit den Genuß mit *Rahat* zu erhöhen. Dabei handelt es sich um Stücke einer zähen, sehr süßen Konfektmasse aus Zucker und Stärke, je nach Art mit Pistazien, Kokosraspeln oder Mandeln angereichert. Man nimmt einen Würfel davon in den Mund, lutscht oder zerkaut ihn und trinkt den Kaffee nach.

Karlsbader Zubereitung

Die Karlsbader Porzellan-Kanne setzt sich aus vier Teilen zusammen, nämlich Kanne, Filteraufsatz, Wasserverteiler und Deckel. Die Mahlung für diese Zubereitungsart ist etwas körniger als

Karlsbader Brühkanne aus Porzellan, um 1920/25.

jene für den Aufguß mit Papierfilter. Der Genuß von Kaffee nach dieser Zubereitung ist unvergleichlich: mild, keine Schärfe, wunderbar angenehm, edel und erstklassige Bekömmlichkeit. Für 2 Tassen sind 16 Gramm zu empfehlen, für jede weitere Tasse 6 Gramm dazugeben. Aber auch hier soll der Konsument über die Stärke selbst entscheiden.

Die Haushaltskaffeemaschine mit Papierfilter

Diese Maschine versorgt man mit frischem Wasser entsprechend der gewünschten Tassenanzahl. Die Mahlung für diese Zubereitungsart soll nicht zu fein sein, da ansonsten der Durchlauf behindert wird und der Geschmack des Kaffees leidet.

Die Portionierung:

für eine Tasse	10 Gramm
für 2 Tassen	16 Gramm
für 3 Tassen	22 Gramm, für jede weitere Tasse 6 Gramm dazugeben.

Beobachten Sie den Durchlauf, an ihm läßt sich erkennen, ob Sie die richtige Mahlung getroffen haben. Prüfen Sie auch, ob Sie mit der Stärke des Kaffees zufrieden sind. Ist der Durchlauf beendet, schal-

Sorgfältiges Abwiegen garantiert Tag für Tag gleichbleibende Qualität.

ten Sie die Maschine aus, da jede weitere Erwärmung (das sogenannte Warmhalten) die Qualität des Kaffees mindert. Bereiten Sie nur soviel Kaffee zu, wie auch sogleich getrunken wird. Kaffee soll nicht brennheiß sein. Genießen Sie den Kaffee am besten bei guter Temperatur.

Vollautomatische Kaffeemaschinen

Der Wasserbehälter des Geräts sollte täglich mit frischem Wasser befüllt werden. In die Kaffeekammer nur so viel füllen, wie Sie auch verbrauchen. Zu langes Aufbewahren in der Kammer ist nicht gut, da dabei Aromastoffe verloren gehen. Diese Maschinen mahlen auf Knopfdruck, portionieren, filtern und werfen den Sud in eine Lade. Der Kaffee landet trinkfertig in der Tasse. Aber auch diese Maschinen erfordern genaues Einstellen der Mahlung ebenso wie das Portionieren nach persönlichem Belieben bzw. gewünschter Stärke.

Espresso für Zuhause

Die Espressomaschine hat einen Wasserbehälter, den Sie mit frischem Wasser befüllen. Wiederum gilt: Waage, frisch gemahlener Kaffee, genaue Portionierung und die Mahlung so wählen, daß das Mahlgut nur mit dem Stempel geglättet zu werden braucht.

Kaffeespezialitäten

Im „Kaffeehaus Österreich" kennt man eine Vielfalt an Kaffeespezialitäten. Wien ist die Hauptstadt des Kaffees. Nahezu alle Wiener, hoch oder nieder, arm oder reich, trinken morgens Kaffee. Allerdings einen mehr oder weniger guten, und diesen mehr oder weniger stark, mehr oder weniger licht, mehr oder weniger süß. Die meisten Wiener legen großen Wert auf einen möglichst süßen Kaffee. Unbestritten ist, daß der Kaffee in Wien, wenn nicht in ganz Österreich, das beliebteste Morgengetränk ist. Nahezu unersetlich bei einem Frühstück, das mit Semmeln oder Milchbrot, Butter und Honig eingenommen wird. Keiner würde diesen Morgentrunk, wohl ob seiner aktivierenden Wirkung, derer wir gerade zu früher Stunde häufig bedürfen, freiwillig aus seinem Frühstücksmenü streichen und etwa durch Milch, Einbrennsuppe oder gar durch ein Stamperl vom Kümmelschnaps oder einen Humpen Bier ersetzen. Durch Beigeben von Milch und Zucker verleiht man dem Kaffee zusätzlich zu seiner Eigenschaft als Genußmittel den Wert eines guten Nahrungsmittels.

Wenn ein Gast einfach „einen Kaffee" bestellt, so zeigt dies von einer eklatanten Unkenntnis der Vielfalt an Rezepten. Es gibt wohl Länder, wo eben lediglich Kaffee verlangt wird. Jedoch in Österreich mit seiner langjährigen Kaffeetradition sollte das nicht vorkommen, allein schon wegen der verschiedenen Arten der Zubereitung, der Mischung und der unzähligen Farbschattierungen.

Rezepte allein zu lesen, genügt nicht. Als Sommelier müssen Sie trainieren, die Spezialitäten zuzubereiten und zu verkosten. Beurteilen Sie selbst, ob das Resultat gelungen ist und schmeckt. Seien Sie kritisch! Hier einige Originalrezepte von Kaffeespezialitäten:

Mokka bezeichnet einen – subjektiv empfunden – starken Kaffee. In der Regel werden 7–8 Gramm pro Tasse gerechnet. Der Kleine Mokka, auch „Kleiner Schwarzer" oder „Piccolo" genannt, kann als Aufguß, mit einer Espressomaschine oder auch auf die altbewährte türkische Art zubereitet werden.

Für den Großen Mokka werden pro Tasse 14 Gramm Kaffeepulver gerechnet; er wird auch „Großer Schwarzer" genannt.

Konsul Grundlage ist ein Großer Mokka. Zum Konsul wird er durch einen Schuß frischen Obers.

Der Braune Der Große und der Kleine Braune sind wohl die meistverlangten Getränke im Wiener Kaffeehaus.
Gemeint ist jeweils ein Kaffee mit Milch, welche traditionellerweise separat in einem Kännchen serviert wird. Am besten eignet sich eine Milchmischung mit 60% frischem Schlagobers und 40% frischer Milch. Eine weitere Variante ist die „Schale Gold", sie ist noch lichter und goldiger als der Braune, indem die genannte Milchmischung großzügiger als beim Braunen beigegeben wird.

Kaffee verkehrt „Verkehrt" deswegen, weil es sich hier um einen Kaffee handelt, der mehr Milch als Kaffee beinhaltet. Empfehlenswert ebenfalls die genannte Milchmischung.

Melange Der Kaffee wird nach Belieben mit Milch versetzt, ebenfalls empfehlenswert wiederum die Mischung aus Obers und Milch.
Die Melange – der Wiener Kaffee schlechthin – wurde früher auch „Weisse" genannt. Sie eignet sich vorzüglich zu Jause und Plausch und wird deshalb von vielen Damen bevorzugt. Wollen Sie die feinen Nuancen kennenlernen, so erfordert es Zusätze bei der Bestellung: „mehr licht" oder „mehr dunkel", und wer ein Kenner ist, ergänzt noch „ohne" oder „mit", wobei die Zugabe von geschlagenem Obers gemeint ist. So kann also eine Bestellung lauten: „eine Melange – mehr licht – mit". Der erfahrene Ober wird es zu schätzen wissen. Übrigens: Als besondere Spezialität gilt handgesprudelte Milch.

Kapuziner Starken Kaffee in die Tasse füllen, darauf eine Haube von gesüßter Schlagsahne setzen und mit etwas Kakaopulver bestreuen.

Cappuccino Ein Großer Schwarzer mit Milchschaum, eventuell mit Kakaopulver bestreuen.

Verlängerter Einen Kleinen Mokka in eine große Tasse geben, dazu ein Kännchen heißes Wasser servieren. Der Gast kann seinen Kaffee nach persönlichem Belieben verlängern. Äußerst bekömmlich!

Wiener Einspänner Einen Kleinen Mokka in ein Einspännerglas gießen, mit einer Schlagobershaube versehen und mit Staubzucker bestreuen.

Gewürzkaffee Bedecken Sie den Boden einer Kaffeetasse mit Rum nach Belieben, legen Sie zwei Stück Gewürznelken hinein, gießen Sie heißen starken Kaffee darüber, süßen Sie je nach Geschmack und rühren Sie den Trunk mit einer Stange Zimt um.

Der Obermayer Ein Kleiner oder Großer Mokka, Zucker nach Geschmack, umrühren, sehr kaltes flüssiges Obers über einen umgedrehten Suppenlöffel langsam auf die Oberfläche aufsetzen. Schnell servieren und schnell trinken! Ein gewisser Obermayer, Mitglied der Wiener Philharmoniker und Stammgast verschiedener Kaffeehäuser, bestellte Kaffee stets nach diesem Rezept und verlieh ihm letztendlich seinen Namen.

Türkischer Kaffee Den sehr fein gemahlenen Kaffee mit oder ohne Zucker in das Kännchen geben, vermischen, kaltes Wasser darübergießen und dreimal aufkochen lassen.

Fiaker Reiner schwarzer Kaffee, im Wasserglas serviert. Seinen Namen hat er den bekannten Wiener Pferdekutschern zu verdanken – vielleicht, weil er von den „Fiakern" gerne zwischen zwei Fuhren getrunken wurde. Es gibt natürlich auch eine zweite Variante vom Fiaker: Schwarzer Kaffee mit Rum.

Es gäbe noch zahlreiche Rezepte, angefangen von der Kaisermelange bis zum Irish Coffee, doch Sie sollen selbst kreativ werden und eigene Spezialitäten erfinden und zubereiten.

Genießen Sie Kaffee! Er soll daher nicht zu heiß getrunken werden, da sich ansonsten die Aufmerksamkeit vor allem darauf richtet, sich nicht die Zunge oder die Lippen zu verbrennen. Die Geschmacksempfindungen werden durch die Hitze beeinträchtigt, der Genuß geht verloren. Probieren Sie den Kaffee also einmal weniger heiß. Kosten Sie bewußt und Sie werden Neuland entdecken! Es ist wie beim Wein, nur umgekehrt. Wenn der Wein zu kalt ist, geht die Blume verloren.

Wiener Kaffeetorte

Zutaten für die Masse: 7 Eiweiß, 270g Zucker, 1 Pkg. Vanillezucker, 130g Mehl, 130g gemahlene Haselnüsse, Zimt, starker süßer Kaffee.
Zutaten für die Creme: 250g Butter, 250g Zucker, 90g Kaffee, 40g geriebene Mandeln

Das Eiweiß schlagen Sie mit dem Zucker zu einem festen Schnee und verrühren ihn mit dem Mehl, dann geben Sie die Haselnüsse und den Zimt dazu. Auf ein gut eingefettetes, mit Mehl bestäubtes Backblech verteilen Sie die Masse so, daß Sie 3 Tortenteile daraus machen können. Diese Masse wird ca. 15 Minuten bei 200 Grad gebacken. Nach dem Erkalten träufeln Sie den kalten gezuckerten Kaffee darüber.
Für die Creme verquirlen Sie Butter, Zucker, Kaffee und Mandeln und bestreichen damit die Tortenschichten bevor Sie diese übereinanderlegen. Nicht vergessen: Auch die Oberfläche soll mit Creme bestrichen werden. Das Ganze kann man dann noch mit einigen Mokkabohnen verzieren.

Kaffee für jede Gelegenheit

Kaffee zum Frühstück

Kaffee ist als Muntermacher bekannt. Bereits zum Frühstück bieten sich mehrere Möglichkeiten. – Für den alltäglichen Frühstückskaffee nehmen Sie eine „normale" Portion (für eine Tasse 10 Gramm, für jede weitere Tasse 6 Gramm) und verfeinern ihn mit der Milchmischung aus 60% frischem Obers und 40% frischer Milch. Achten Sie darauf, daß der Kaffee nicht zu dunkel geröstet ist. Nach einer kurzen Nacht ist Stärkeres angesagt: zu empfehlen ist, für den Aufguß (Filtermaschine) pro Tasse zusätzliche 2 Gramm zu portionieren.

Persönliche Beobachtungen morgens in einem Hotel anläßlich einer Qualitätskontrolle bei der Zubereitung von Frühstückskaffee:

1) Der eingeteilte Frühstückskoch war noch nicht eingetroffen.
2) Das Gewicht wird nur ungefähr genommen, das bedeutet, der Kaffee schmeckt hier jeden Tag anders.
3) Der Kaffee wird um 6.00 Uhr zubereitet, der erste Gast taucht jedoch erst um 8.30 Uhr auf. Das bedeutet eine Stehzeit von 2 1/2 Stunden.
   Bis zum letzten Gast, der gegen 10.00 Uhr kommt, vergehen vier Stunden. Denken wir an die Aromastoffe – sie sind nach so langer Zeit nur mehr in Spuren vorhanden. Der Kaffee kippt.
4) Auf meine Frage, ob der Kaffee noch in Ordnung sei, verkostete der Angestellte – jedoch heiß, direkt von der Aufgußmaschine, in der anderen Hand eine Zigarette. Kommentar dazu ist überflüssig.
5) Zu guter Letzt nahm der Angestellte den Aufsatz mit Sud, entfernte sich damit und ließ die Aufgußmaschine offen stehen. Er tat somit alles, was man einem Kaffee an Schlechtem nur antun kann!

Ein großer Fehler, der in der Hotellerie häufig begangen wird: billigen Kaffee für das Frühstück zu kaufen. Man sollte aber bedenken, das Frühstück für viele Gäste wichtig ist. Schmeckt der Kaffee nicht, ist für viele bereits der Morgen verdorben, und das kann Folgewirkungen haben. Gerade der erste Kaffee sollte der beste sein. Hier zu sparen, ist fehl am Platz.

Den Angestellten trifft keine Schuld. Hat ihn doch niemand jemals gelehrt, wie Kaffee optimal zubereitet wird. Aber wo liegt hier der Fehler? Die Hotelmanager haben erstens kein Fachwissen in bezug auf Kaffee, und zweitens leiden sie unter dem Druck, einen möglichst großen Gewinn zu machen.

Fragebögen oder Zettel, auf denen den Hotelgästen Fragen bezüglich der Zufriedenheit mit dem Hotel gestellt werden, gibt es in vielen Formen. Es werden aber nur Antworten über Essen, Alkohol, Service, Schnelligkeit, Freundlichkeit, Sauberkeit etc. erbeten, über Kaffee wurde ich noch in keinem Hotel befragt.

Kaffeejause

Nehmen Sie eine milde Mischung, am besten Sie mahlen den Kaffee selbst. Eine alte Haushaltsmühle wäre natürlich die Krönung. Portionieren Sie genau, und nicht vergessen: das Wasser soll nicht kochen! Auch bei der Zubereitung: der Kaffee soll nicht zu dunkel geröstet sein. Kaffee in die Tasse, eine gute Milchmischung (muß nicht heiß gemacht werden) dazugeben. Keinerlei Haltbarmilch! Übrigens, trinken Sie Kaffee immer sehr heiß? Probieren Sie einmal einen weniger heißen Kaffee. Sie werden begeistert sein, unvergleichlich der Genuß. Insbesondere wenn Sie sich den Jausenkaffee mit einer Haube Schlagobers krönen. Zur eigentlichen Jause wird die Kaffeepause jedoch erst mit einem Stück Gugelhupf.

Kaffee nach dem Essen

Welcher Kaffee ist nach dem Essen zu empfehlen? Nach einer kräftigen Mahlzeit trinke man am besten einen kräftigen Mokka (ohne Milch natürlich). Nach einem leichten Essen ist ein nicht zu starker Mokka zu empfehlen. Damen bevorzugen nach der Mahlzeit einen etwas leichteren, mit einer Sahne-Milch-Mischung versetzten Kaffee.

Kaffee nach Alkoholgenuß

Wurde zum Essen Alkohol getrunken, wähle man auf jeden Fall einen sehr starken Mokka.

Werden Sie Kaffeesommelier!

Österreich hat eine lange Tradition in der Kaffeezubereitung. Der Siegeszug des Kaffees in Wien begann 1683. Die Wiener Melange hat Weltruhm erlangt und zählt zu den Boten österreichischer Tradition. In keiner Stadt wird Kaffee auf so viele verschiedene Arten zubereitet wie in Wien. Der Kaffeesommelier mit Sommelierwagen vollendet unsere Kaffeekultur und sichert uns die erste Stelle bei der hervorragenden Kaffeezubereitung.

Der Kaffeesieder. Kolorierte Kreidelithographie von August Strixner, 1839.

Wie wird richtig verkostet?

Leider gibt es keine Fachliteratur über die richtige Durchführung einer Kaffee-Verkostung. Die Qualität des Kaffees beeinflußt den Preis und letztendlich das Endprodukt in der Tasse. Wissen um die Qualität von Kaffee ist somit für den Fachmann unentbehrlich, für den Kaffeefreund äußerst hilfreich. Was soll bei einer Verkostung beachtet werden, um die Qualität eines Kaffees beurteilen zu können?

Genügend Zeit
Eine hektische Verkostung bringt keine Erkenntnisse.

Wissen
Will ich Kaffee beurteilen, muß ich wissen, wie guter Kaffee schmeckt.

Ein Vergleichsmuster
Nach Möglichkeit zur Verkostung einen Kaffee von mir bekannter guter Qualität heranziehen.

Temperatur
Der Testkaffee soll nicht heiß verkostet werden – das Muster in drei Zuständen testen: warm, lau und kalt; deswegen, weil Hitze die Geschmacksnerven beeinträchtigt.

Kurze Testdauer
Zwischendurch Wasser trinken, eventuell eine kleine Pause einlegen.

Wie wird verkostet
Natürlich schwarz und ungesüßt, da Milch und Zucker den Kaffee verändern.

Beurteilung der Eigenschaften des Testkaffees

- Kennzeichen hochwertiger Qualität: guter Abgang, nicht scharf; nach einigen Sekunden das Gefühl, diesen Kaffee könnte ich auch ungesüßt trinken.
- Kennzeichen nicht zu empfehlender Qualität: scharf beim Abgang, die Zunge wird rauh, seitlich leicht metallisch oder dumpfer, erdiger Geschmack.

Achtung, nicht verwechseln!

Die Begriffe scharf, stark und bitter werden gerne verwechselt. Ist ein Kaffee „scharf", so wird er meistens als „stark" bezeichnet. Ist der Kaffee jedoch „stark" (mit zu großer Portion; Empfindung subjektiv) zubereitet, wird dies als „bitter" interpretiert.

Der Kaffeesommelierwagen — eine Weltneuheit!

Jeder wird fragen, was ist ein Kaffeesommelierwagen? Der Diplom-kaffeesommelier verfügt nach eingehender Ausbildung über ein exzellentes Wissen über Kaffee. Er kann den Gast sehr gut beraten und ihm über Kaffee Auskunft geben. Angenommen, Sie speisen in einem Restaurant und möchten zum Abschluß einen Kaffee. Sie werden einen Kaffee, recht und schlecht, bekommen, der nicht hundertprozentig Ihren Vorstellungen entspricht. Der Diplomkaffeesommelier hingegen kommt mit seinem Wagen zu Ihrem Tisch. Er wird Sie beraten, welcher Kaffee für Sie nach welchem Essen geeignet ist. Sie haben die Möglichkeit, unter verschiedenen Sorten und Spezialitäten auszuwählen. Er wird Sie über deren Bekömmlichkeit informieren. Der Kaffee wird vor Ihren Augen, ganz nach Ihren Wünschen zubereitet. Ein Diplomkaffeesommelier und sein Wagen stellen für die Gastronomie eine große Bereicherung dar.

Vorteile des Sommelierwagens

- sehr niedriger Anschaffungspreis
- keine Wartung erforderlich
  Bei einer Espressomaschine hingegen entstehen mitunter erhebliche Kosten durch die Instandhaltung (Entkalken, Austauschen von Dichtungen, Heizstäben etc.) Nach fünf bis sechs Jahren muß eine neue Maschine gekauft werden, der Anschaffungspreis ist beachtlich hoch. Es ist sogar fraglich, ob der Ankauf einer solchen Maschine rentabel sein kann.
- Milder und sauberer Aufguß bieten dem Gast einen bekömmlichen, geschmacklich hervorragenden Kaffee, der auf seine Wünsche abgestimmt wurde. In Laborversuchen wurde nachgewiesen, daß die Karlsbader Zubereitung den bekömmlichsten Kaffee ergibt.
- hohe Flexibilität
  Der Wagen kann den ganzen Tag über im Einsatz sein. Hotelgäste etwa können in der Halle mit Kaffee verwöhnt werden. Abends im Restaurant wird der Kaffee am Tisch und vor den Augen des Gastes zubereitet.
- sinnliches Erlebnis für den Gast
- Erweiterung des gastronomischen Angebotes
- Pflege der traditionellen österreichischen Kaffeekultur

Sie werden weltweit die ersten sein, – die ersten Kaffeesommeliers mit einem Sommelierwagen. Sie werden auch auf Skepsis stoßen, vor allem bei Kaffeetrinkern, die auf die sogenannte „Creme" eingeschworen sind. Wie ich später noch erläutern werde, sagt die Kaffeecreme einiges über richtiges oder falsches Kochen aus, hat aber mit der Qualität eines Kaffees nichts zu tun.

Der weltweit erste Kaffeesommelier Alexander Theil mit dem Sommelierwagen in der Tourismus-Schule Bad Gleichenberg.

Die Kaffeepflanze

Die Kaffeepflanze wächst als Strauch oder kleiner Baum und erreicht eine Höhe von etwa vier Metern. Ihre Pfahlwurzel reicht ein bis zwei Meter in den Boden, die Nebenwurzeln werden gar bis zu fünf Metern lang. Die Pflanzensystematik ordnet den Kaffeestrauch der Gattung der Rötegewächse mit paläotropischer Verbreitung (Schwerpunkt Afrika) zu. Die kleinen, weißen Blüten – ihr wohlriechender Duft erinnert an Jasmin – sitzen zu Trugdolden gehäuft in den Achseln der glänzenden, grünen Laubblätter, verblühen jedoch bald und fallen nach etwa drei Tagen ab. Die Früchte, rote kirschenähnliche Steinfrüchte (Kaffeekirschen), enthalten zumeist zwei Steinkerne, die mit ihren abgeflachten Seiten zueinanderliegen. Unter der äußeren Hornschale *(Endocarp)* befindet sich, von einem Silberhäutchen (Samenschale) umgeben, der Same – die Kaffeebohne.

Der Duft der Kaffeeblüte erinnert an Jasmin.

Kultivierung in Plantagen

In den Plantagen wird der Kaffeestrauch durch häufigen Schnitt auf einer Höhe von 1,50 bis 1,80 Metern gehalten. Angepflanzt werden 9 bis 11 Monate alte Sämlinge oder unverholzte, bewurzelte Stecklinge in Abständen von 2 bis 7 Metern. Schutz vor zu starker Sonnenbestrahlung bieten große schattenspendende Bäume. Vor allem in Trockenperioden müssen die Kulturen künstlich bewässert werden.

Bodenbeschaffenheit
Der Kaffeestrauch ist bezüglich Bodenqualität relativ anspruchsvoll.

Die Steinfrüchte reifen über 8 bis 10 Monate zu den roten Kaffeekirschen heran.

Für gutes Gedeihen braucht er lockeren tiefgründigen Boden, der zudem humusreich sein soll – Ton-, Lehm- und Sandböden sind daher für den Kaffeeanbau ungeeignet.

Die Kaffeeplantagen wurden zumeist auf Urwaldböden angelegt, da sich diese als besonders günstig erwiesen. Berühmt sind die Verwitterungsböden des brasilianischen Staates São Paolo, die als *Terra roxa* (rote Erde) bezeichnet werden. Auch Böden, die durch Verwitterung vulkanischer Gesteine entstanden sind, zählen zu den von der Kaffeepflanze bevorzugten Substraten. Sie enthalten zumeist auch mineralische Nährstoffe, die den Charakter des Kaffees mitbestimmen. Düngung mit mineralischen Düngemitteln oder Kaffeepulpe (Fruchtfleisch der Kaffeekirsche, das beim Aufbereitungsverfahren anfällt) ist üblich.

Höhenlage

Die Kaffeepflanze ist ein ausgesprochenes Hochlandgewächs. Da ihre Standortansprüche in tropischen Niederungen nur selten erfüllt werden, finden wir Kaffeeplantagen zumeist an Standorten, die auf Höhen zwischen 600 bis 1.200 Metern, vielfach noch darüber liegen. Seltener anzutreffen sind die Kulturen in Tiefländern und wenn, dann zumeist in Gebieten, die weiter vom Äquator entfernt liegen, oder aber es handelt sich um Kaffeearten, die größere Wärme bevorzugen.

Klimabedingungen

Da der Kaffeestrauch frostempfindlich ist, wird er praktisch nur in Plantagen kultiviert – hier werden die Einflüsse von Wind und Kälte abgeschwächt. Am günstigsten sind Standorte mit mittleren Jahrestemperaturen zwischen 15 und 25 Grad. Länger anhaltende Temperaturen unter 11 Grad können die Kaffeepflanze gefährden. Sinken die Temperaturen in die Nähe des Gefrierpunktes wird die Pflanze nachhaltig geschädigt.

Standortansprüche von Arabica- und Robusta-Arten

Arabica-Sorten zeigen sich empfindlich gegenüber zu großer Hitze. Die idealen Temperaturen liegen zwischen 18 und 22 Grad. Ungünstig sind viel Wind und hohe Feuchtigkeit – ideal daher Höhenlagen. Die jährliche Niederschlagsmenge sollte zwischen 1.000–1.500 mm betragen. Je höher gelegen die Kaffeeplantage, desto langsamer wächst die Frucht, desto härter wird der Samen, desto besser in der Regel die Qualität und desto größer der Anteil blauer Bohnen.

Robusta-Sorten vertragen mehr Hitze und Feuchtigkeit. Ideal sind mittlere Jahrestemperaturen um 25 Grad, jährliche Niederschlagsmengen um 2.000 mm und hohe Luftfeuchtigkeit. Robusta ist kälteempfindlicher als Arabica und wird deshalb nur bis zum 10. Breitengrad nördlich und südlich des Äquators, häufig auch im Flachland, angebaut.

Schädlinge

Ein besonderes Kapitel im Kaffeeanbau ist die Bekämpfung der Pflanzenschädlinge. Der Kaffeestrauch ist für Krankheiten sehr anfällig, und so gilt es, der Bekämpfung der Schädlinge größte Aufmerksamkeit zu

Die Kaffeesträucher werden radikal zurückgeschnitten, um das Treiben der fruchttragenden Zweige zu fördern.

widmen. Die Geschichte des Kaffees teilt uns mit, daß durch den Pilz *(Hemileia vastatrix)* einst die reichblühende Kaffeekultur einer ganzen Provinz ausgerottet wurde. Neben diesem Pilz sind zahlreiche weitere Schädlinge bekannt, die Blätter, Zweige, Stamm, Wurzeln und Früchte befallen.

Der gefährlichste Schädling und damit der schlimmste Feind der Kaffeepflanze ist der Kaffeekirschenbohrer oder *Broca do Café,* wie er auch genannt wird. In Zaire z. B. werden die jährlichen Verluste durch den Bohrkäfer auf mehr als 2.000 Tonnen geschätzt. Er bohrt die Kaffeekirsche an und legt die Eier in das Bohrloch. Die Larven höhlen die Kirsche sodann von innen her aus.

Durch vorbeugende Behandlung der Pflanzen mit Schutzmitteln, heute teilweise unter Hubschraubereinsatz, vor allem jedoch durch die sofortige Einkreisung der befallenen Gebiete versucht man die Auswirkungen eines Schädlingsbefalls abzuschwächen. Ferner ist das Kaffeerüsselkäferchen zu nennen, das getrocknete Kaffeebohnen befällt. Von Pilzen werden unter anderem Blattrost, Blattfall oder Blattfleckenkrankheit hervorgerufen. Unter den tierischen Schädlingen zu nennen gilt es weiters Älchen, vor allem *Hetero dera radicicola*

(Wurzelälchen), in weiterer Folge Milben, Heuschrecken, Grillen, Läuse, Wanzen, Raupen, Motten, Schmetterlinge, Larven, Maden, Fliegen, Käfer, Engerlinge, Ameisen und Termiten.

An dieser Stelle möchte ich noch eine Krankheit erwähnen, die weder durch pflanzliche noch durch tierische Schädlinge verursacht wird, und zwar die sogenannte „Welkekrankheit"; sie gründet in Humusarmut des Bodens.

Die Ernte

Die reifen Kirschen werden von Hand gepflückt – eine arbeitsintensive Methode, die jedoch mit erstklassiger Qualität gelohnt wird. Ein Pflücker

Die frisch geernteten Kaffeekirschen werden sortiert und zur Wahrung ihrer Qualität so rasch als möglich weiterverarbeitet.

Mexiko: Viele Frauen arbeiten in den Plantagen, um zum Familienunterhalt beizu-tragen. Bezahlt wird nach der geernteten Menge.

kann an einem Tag zwischen 60 und 100 Kilo ernten. Eine weitere Methode ist die sogenannte „Strip-Pflückung", bei der die Kaffee-kirschen in einem Zug von den Zweigen abgestreift werden. Dabei wird nicht zwischen reifen (roten) und unreifen (grünen) Früchten unterschieden, weshalb diese nachsortiert werden müssen. Die Strip-Pflückung wird vor allem in jenen Ländern angewandt, in denen der Kaffee nach dem trockenen Verfahren aufbereitet wird. In Brasilien versucht man, auf großen Plantagen Pflückmaschinen einzusetzen. Ob sich diese bewähren, wird die Zukunft weisen.

Da die Kirschen nicht lange lagerfähig sind, sollten sie innerhalb kürzester Zeit verarbeitet werden.

Aufbereitung der Kaffeekirschen

Wir unterscheiden zwei Hauptarten der Aufbereitung, und zwar die trockene (ungewaschener Kaffee) und die nasse Aufbereitung (gewaschener Kaffee).

Trockene Aufbereitung
Meist werden die Kaffeekirschen vor dem Trocknen durch enge Kanäle geschwemmt. Dies hat nichts mit dem „Waschen" von Kaffee zu tun; Zweck ist es vielmehr grobe Verunreinigungen (Steine, Blätter, Zweige, etc.) zu beseitigen.

Bei diesem Verfahren werden die geernteten Kaffeekirschen auf Trockenböden, das sind festgewalzte Erd-, Stein- oder Zementböden, ausgebreitet und der Luft und der Tropensonne zum Trocknen ausgesetzt. Die Früchte werden nachts angehäufelt und mit Planen überdeckt, um Wärmeverluste zu vermeiden. Bei Regenwetter werden sie

Die angelieferten Kaffeekirschen werden unter freiem Himmel ausgebreitet und an Luft und Sonne getrocknet.

auf die gleiche Weise vor Feuchtigkeit geschützt. Morgens bzw. nachdem der Regen aufgehört hat, werden sie wieder ausgebreitet, um den Trocknungsprozeß fortzusetzen.

Die Kirschen werden so lange getrocknet (6 bis 15 Tage), bis sie „rappeldürr" sind, d. h., bis die Kirschen so stark gedorrt sind, daß die Samen beim Schütteln der Frucht in der Hülse „rappeln".

Das trockene Aufbereitungsverfahren wird überall dort angewandt, wo ungewaschener Kaffee auf den Markt kommt; so z. B. in Brasilien fast ausschließlich, da riesige Ernten eine nasse Aufbereitung, die mit viel Mehraufwand verbunden ist, nicht zulassen.

Der nächste Arbeitsschritt ist das Enthülsen. Die getrockneten Kirschen kommen in eine Schälmaschine. Hier wird das getrocknete Fruchtfleisch aufgerissen und durch Quetschen abgetrennt, ebenso die Pergamenthaut und so weit wie möglich auch das Silberhäutchen. Die losgelösten Teile werden abgesaugt, die geschälten Früchte (Rohbohnen) verlassen die Maschine.

Auf großen Plantagen wird der Rohkaffee vor dem Einsacken verlesen, d. h. aussortiert und gesiebt. Meist erfolgt dies jedoch erst in den Lagerhäusern der Häfen. Beste Qualitäten werden gerne handverlesen und als solche gekennzeichnet in den Handel gebracht.

Sorgfältiges Handverlesen der Rohbohnen garantiert erstklassige Qualität.

Schema der trockenen Aufbereitung

Kirschen

(meist) Vorreinigung
im Schwemmkanal

Steine
Erde

Zweige, Blätter
vertrocknete Kirschen

Trockenboden
(Trocknen)

Schälmaschine ⟶ Abfall
(Enthülsen)

Siebe ⟶ Abfall
(Separieren)

Ausschuß ⟵ Luftreiniger

Ausschuß ⟵ Verlesen

Einsacken

Nasse Aufbereitung

Die hochwertigeren Kaffeesorten werden jedoch naß aufbereitet. Dazu gehören fast alle Kaffeesorten aus Zentralamerika, aus Kolum-

Jamaica, Blue Mountains: Die angelieferten Kaffeekirschen werden im Schwemm-kanal vorgereinigt.

bien, Mexiko, Kenya, Tanganjika und Java. Das sind dann die gewaschenen Kaffeesorten, auch *milds* oder *Café Lavado* genannt.

Wird der Kaffee naß aufbereitet, kommen die Kirschen unmittelbar nach dem Anliefern des Ernteguts in sogenannte Quelltanks. Dort läßt man über Nacht das Fruchtfleisch, die sogenannte „Pulpe", aufgehen. Am nächsten Tag werden die aufgeschwemmten Kaffeefrüchte durch Schwemmkanäle zum sogenannten „Pulper" (Entpulper) geleitet. Hier wird das Fruchtfleisch von der Kaffeebohne entfernt. Die Pulper arbeiten mit einem Walzensystem; Scheiben, die über Handräder verstellbar sind, pressen die Kirschen gegen einen aufgerauhten Zylinder, wobei das Fruchtfleisch weggerissen wird. Die Rohbohnen verlassen den Pulper mit Silberhaut und Pergamenthülse sowie erheblichen Resten von Fruchtfleisch und scheinen von einer schleimigen Masse umgeben zu sein.

Der entscheidende Vorgang bei der nassen Aufbereitung ist die Fermentation. Darunter verstehen wir den Ablauf chemischer Vorgänge unter Einwirken von Bakterien (Spaltpilze). Sie bestimmt die Qualität des gewaschenen Kaffees. Bei der Aufbereitung des Kaffees werden die Fruchtfleischreste vergärt. Darüber hinaus gehen in der Bohnenmasse chemische Veränderungen vor sich, die für die Geschmacksbildung bedeutend sind. Die Fermentation wird unter Wasser durchgeführt, weil die Gärung dadurch verlangsamt und somit gleichmäßiger und besser regulierbar wird. Eine Überhitzung und damit „Überfermentierung" ist unter allen Umständen zu vermeiden, da in diesem Fall die große Gefahr besteht, daß sich „Ölbohnen" bilden.

Die entfleischten Bohnen werden in große, mit Wasser gefüllte Bottiche (Gärtanks) geschüttet. Nach 24 bis 48 Stunden hat unter mehrfachem Umrühren eine lebhafte Bläschenbildung eingesetzt. Die Fruchtfleischreste haben sich gelöst, und das Wasser hat sich in eine trübe Brühe verwandelt.

Der Arbeitsgang nach Abschluß des Gärprozesses ist das Waschen. In großen Reinigungsbecken werden die Bohnen unter ständigem Wasserzufluß von jeglichen Fruchtfleischresten gesäubert. Sie werden so lange gespült, bis sie ganz blank und sauber sind. In diesem Stadium sind sie also nur noch von einer sauberen Hornschale, dem sogenannten *Pergamino*, umgeben.

Nun erst beginnt der Trocknungsprozeß. Die Kaffeebohnen kommen zunächst auf Siebe, anschließend auf Zementböden. Das Trocknen des entfleischten Hülsenkaffees dauert hier etwa fünf Tage. Auf großen Plantagen werden die Bohnen vorgetrocknet und dann in Spezialapparaten (Kaffeetrocknern) durch erhitzte Luft künstlich getrocknet. Diese Trocknung dauert nur noch wenige Stunden.

Der Kaffee ist nunmehr entfleischt, fermentiert, gewaschen und getrocknet; er kann in diesem Zustand bereits exportiert werden, was auch nicht selten der Fall ist. Gehandelt wird dieser Kaffee als *Café in Pergamino,* Pergament-, Hülsen- oder Hornschalenkaffee, der in europäischen Aufbereitungsanstalten weiterverarbeitet wird.

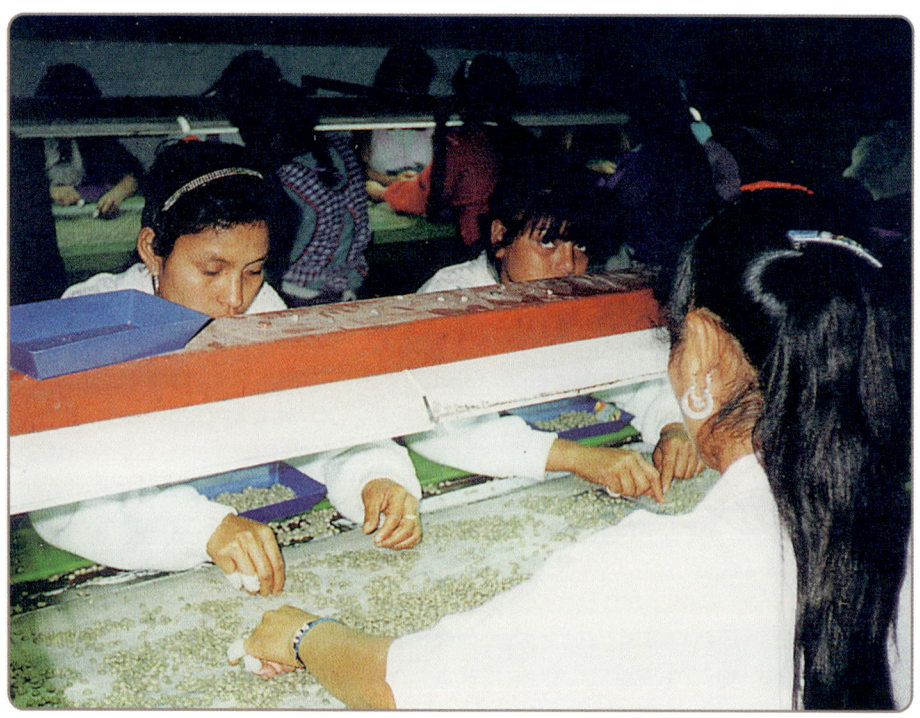

Guatemala: Gewaschener Rohkaffee wird am Fließband handverlesen.

Im weiteren entspricht die Aufbereitung jener der trockenen – der nächste Arbeitsschritt ist also das Schälen. Kaffeebohnen hochwertiger Qualität werden häufig auch poliert.

Schema der nassen Aufbereitung

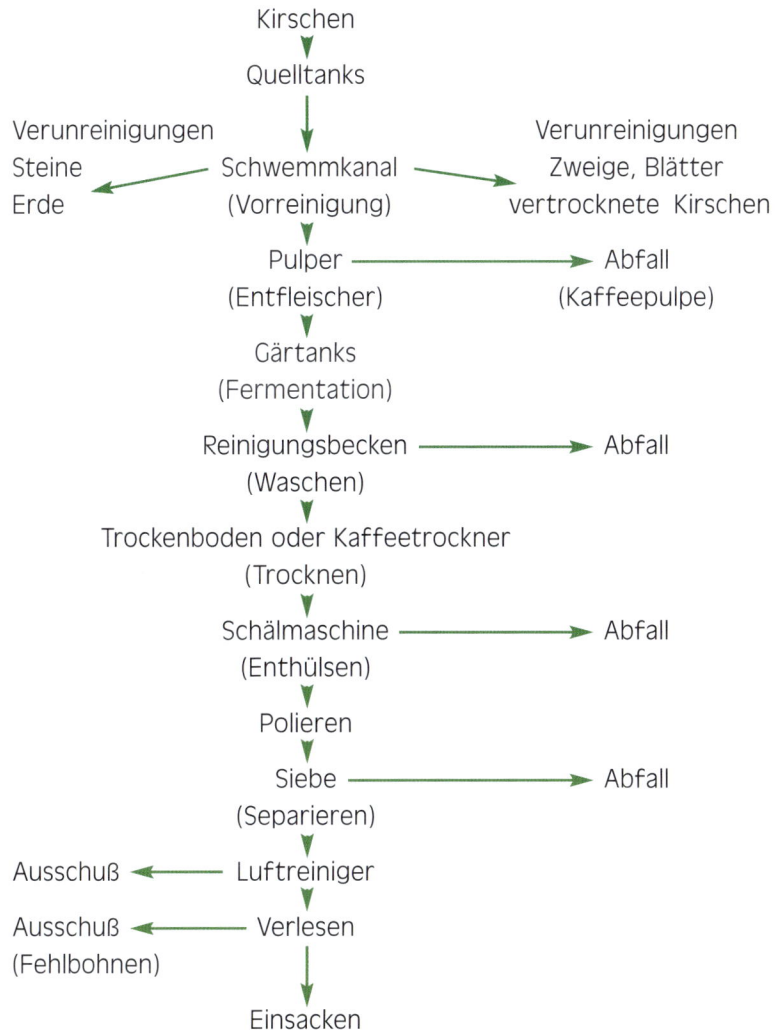

Das Ablassen der Kirschen in einer costa-ricanischen Rösterei.

In riesigen Schwemmanlagen werden die Kirschen vorgereinigt.

Trockene Aufbereitung.

Eine Rösterei in Addis Abeba.

Kaffee-Lagerhalle in Costa Rica.

Beim Vorbereiten der Proben in einer staatlichen Prüfstelle in Addis Abeba.

Der Röstvorgang

Die Kaffeebohnen werden in einer Trommel geröstet. Beim Rösten bzw. Brennen bei Temperaturen bis 220 Grad handelt es sich gewissermaßen um eine trockene Destillation, bei der die festen Bestandteile, vor allem die Pflanzenfasern, teilweise verkohlen und das Wasser großteils entweicht. Die hornartige Bohnenmasse wird dadurch spröde (Voraussetzung für das Mahlen) und nimmt einen bräunlichen Farbton an, sofern die Röstung im richtigen Moment abgebrochen wird. Neben dieser äußerlich sichtbaren Veränderung geht im Inneren der Bohne eine komplexe chemische Umwandlung vor sich, in deren Verlauf die typischen Aromastoffe (ätherische Öle) und andere Röstprodukte (v. a. Furfurol, Essigsäure, Purinderivate und Phenole) gebildet werden. Der Fettgehalt der Bohnen nimmt etwas zu, während der im Rohkaffee enthaltene Zucker karamelisiert. Der Substanzverlust, der sogenannte „Einbrand", liegt je nach Art der Rohware zwischen 12 und 22%. Das Volumen jedoch nimmt beträchtlich zu.

Bei einer Temperatur von 50 Grad zeigen sich erste Veränderungen der Gewebeschichten. Bei 60 bis 70 Grad gerinnt das Eiweiß. Während die Temperatur weiter steigt, verdampft das Wasser. Nach dieser Trocknungsperiode erreicht die Temperatur über 100 Grad, und es beginnt die oben bereits erwähnte trockene Destillation der organischen Substanzen. In diesem Stadium setzt auch die Bräunung ein, indem die zuckerhaltigen Zellen karamelisiert werden. Durch die Zersetzung entsteht neues Wasser, unter dessen Einfluß sich die eiweiß- und zuckerhaltigen Rohfasern blähen, so daß sich bei etwa 150 Grad das Volumen ausdehnt. Bei 180 bis 200 Grad beginnt, infolge Sprengung der Bohnen, unter Krachen und Knacken die Phase der Zersetzung, bei der bläulicher Rauch entweicht. Das charakteristische Kaffeearoma kann man jetzt erstmals riechen. Die Karamelisierung schreitet nun rasch fort, und es entwickelt sich ein für jedes Rösten typischer Stoff, den man als „Assamar" (Röstbitter) bezeichnet. Die Vollröstung ist binnen kurzem erreicht, und es gilt, die Röstung im richtigen Augenblick abzubrechen.

Abbrechen des Röstvorganges

Wie bereits erwähnt, hängt der Zeitpunkt für den Abbruch des Röstvorganges von der Farbentwicklung der Bohnen ab. Um die Bohnen
auf ihre Farbe hin zu prüfen, wird eine Probe entnommen. Ist der
gewünschte Farbton erreicht, wird der Röstvorgang manuell oder
aber automatisch über eine Temperatursonde abgebrochen. Die
Mischung wird in ein Kühlsieb geleitet und unter einem Kaltluftstrom,
oft auch unter Wasserbenetzung herumgewirbelt. Der Einsatz von
Wasser beschleunigt zwar den Kühlvorgang, beeinträchtigt jedoch die
Kaffeequalität, denn er

- steigert das Gewicht bei gleichzeitiger Verringerung der
  Ausbeute,
- beschleunigt den Verlust von Kohlensäure und flüchtigen
  Aromastoffen und
- bewirkt eine höhere chemische Instabilität der Mischung.

Die abschließende Bewertung durch den Verkoster ist eine Synthese
seines Seh-, Geruch-, Geschmacks- und Tastsinnes (in dieser Reihen-
folge), genau wie beim Sommelier.

*Der Verkoster bei der abschließenden „Tassenprüfung"; hier in einem Proberaum
in Guatemala.*

Rösten ist nicht gleich Rösten

Bei Rohkaffee minderer Qualität, also Robusta, können Mängel durch dunkle Röstung übertüncht werden. Tüchtige Geschäftsleute machen daraus jedoch eine Tugend und behaupten, daß ein originaler Espresso mindestens einen Anteil von einem Drittel Robusta enthalten soll. Eine Konsumentenverblödung! Was stimmt? Die Wahrheit liegt im Preis. Jener macht für Robusta nicht einmal ein Drittel vom Preis für Arabicas von Spitzenqualität aus. Dies erklärt, warum der Handel an Robusta so sehr interessiert ist.

Dann gibt es noch jene Schnellröster, die den Rohkaffee in nur 60 Sekunden rösten. So kurze Röstvorgänge erlauben zwar die vollständige Auslastung einer Anlage und verringern den Verlust des Eigengewichtes, verhindern aber die Entwicklung der flüchtigen Aromastoffe und die Verminderung der Trigonellin- und Chlorogensäure-Anteile, die Ursache für unangenehm bitteren Geschmack und schlechte Verdaulichkeit des Getränkes sind.

Im Jahre 1993 beantragte ich eine Auszeichnungspflicht für Kaffee. Bislang ist auf keiner Kaffeepackung angegeben, was sie im Detail enthält. Es gibt nach wie vor keine Auszeichnungspflicht für Kaffee, und das obwohl auf dem kleinsten Kaugummipackerl die Inhaltsstoffe genau angegeben sein müssen. Mein Antrag wurde mit der Begründung abgelehnt: „Der Konsument kann mit der Auszeichnung ohnehin nichts anfangen."

Veränderungen des Kaffeearomas im Laufe der Lagerung
(eigene Beobachtungen über 1 $\frac{1}{2}$ Jahre)

Der Bohnenkaffee verdankt seine Beliebtheit, einmal abgesehen von der aktivierenden Wirkung des Coffeins, vor allem seinem intensiven, angenehmen Aroma. Es entsteht im Laufe der Röstung des grünen Kaffees. Da das Kaffeearoma den menschlichen Geruch- und Geschmackssinn in so starkem Maße anspricht, haben namhafte Wissenschaftler wie H. Staudinger und T. Reichstein nach jenen chemischen Verbindungen gesucht, die für das charakteristische Aroma verantwortlich sind. (Die bemerkenswerteste Eigenschaft des Kaffeearomas ist seine außerordentliche Instabilität.) Aus diesem Grund habe ich 34 kg Kaffee in einer Zeitspanne von eineinhalb Jahren beobachtet. Dieser Kaffee war vakuumverpackt. Um die Veränderung des Kaffeearomas über die Lagerzeit hinweg zu untersuchen ist ein einheitliches Ausgangsmaterial in bezug auf Sorte und Röstgrad, welches für das Kaffeearoma entscheidend ist, notwendig. Das Augenmerk legte ich auf die Veränderungen von Gewicht, Röstfarbe und Geschmack im Laufe der Alterung. Ich halbierte die Gesamtuntersuchungsmenge, bei der einen Hälfte wurde die übliche Wassereinspritzung vorgenommen, die andere lagerte ohne Wassereinspritzung. Bereits 9 bis 10 Tage nach der Röstung war ein leichter Qualitätsabfall zu erkennen, der schließlich in einen charakteristischen Altgeschmack mündete.

Qualitätskontrolle Röstkaffee
Ohne Wassereinspritzung
Röstdatum: 19. 3. 1998   Röstfarbe bei Röstung: 65/66

	Originalgew. vakuumverp.	Kontroll- Datum	Kontroll- Gewicht	Kontroll- Farbe	Verkostung – Beurteilung – Bemerkungen
1)	1034	23. 3. 98	1034	67	guter Abgang
2)	1034	23. 4. 98	1034	67/68	noch guter Abgang
3)	1034	2. 6. 98	1034	64	noch guter Abgang
4)	1034	24. 6. 98	1032	65	leichter Altgeschmack
5)	1012	30. 7. 98	1012	65/66	leichter Altgeschmack
6)	1032	1. 9. 98	1030	63	leichter Altgeschmack
7)	1030	6. 10. 98	1030	63	leichter Altgeschmack noch guter Abgang
8)	1030	3. 11. 98	1030	61	leichter Altgeschmack noch guter Abgang
9)	1028	26. 11. 98	1026	65	Altgeschmack
10)	1028	10. 12. 98	1026	63	Altgeschmack
11)	1030	11. 1. 99	1030	61	Altgeschmack
12)	1028	17. 3. 99	1026	62	Altgeschmack leicht ranzig

Qualitätskontrolle Röstkaffee
Mit Wassereinspritzung

Röstdatum: 19. 3. 1998   Röstfarbe bei Röstung: 66

	Originalgew. vakuumverp.	Kontroll-Datum	Kontroll-Gewicht	Kontroll-Farbe	Verkostung – Beurteilung – Bemerkungen
1)	1028	26. 3. 98	1027	70	leichte Alterung
2)	1026	23. 4. 98	1026	68	leichte Alterung neutraler Abgang
3)	1026	2. 6. 98	1026	65	leichte Alterung neutraler Abgang
4)	1028	24. 6. 98	1028	66	flach, fast leer
5)	1028	30. 7. 98	1028	64	Altgeschmack, flach
6)	1026	1. 9. 98	1024	63	Altgeschmack
7)	1030	6. 10. 98	1030	64	Altgeschmack wird stärker
8)	1026	3. 11. 98	1026	61	Altgeschmack wird stärker
9)	1028	26. 11. 98	1028	67	noch stärkerer Altgeschmack
10)	1026	10. 12. 98	1024	61	noch stärkerer Altgeschmack
11)	1028	11. 1. 99	1028	60	Altgeschmack, ranzig
12)	1030	17. 3. 99	1028	60	Altgeschmack, ranzig

Bestandteile des gerösteten Kaffees

Da die Zusammensetzung der Inhaltsstoffe der gerösteten Kaffeebohnen wesentlich von der Art und Herkunft sowie von der Behandlung und maßgeblich vom Röstgrad abhängt, beschränken sich meine Angaben auf Mittelwerte. In Anbetracht der Bedeutung des Kaffeegetränkes verwundert es nicht, daß sich Wissenschaftler bereits seit Jahrzehnten mit seiner Zusammensetzung befassen. Die Kenntnisse um die Inhaltsstoffe des Kaffees wurden enorm erweitert, insbesondere in jüngster Zeit – dank der wissenschaftlichen Fortschritte und der damit einhergehenden modernen Untersuchungsmethoden.

Während des Röstvorganges verringert sich das Gewicht durch den Einbrand um 12–22 %, während das Volumen der Bohnen um 50–100 % zunimmt. Dabei wird die Struktur der Bohnen und damit der Gehalt ihrer einzelnen Bestandteile verändert, auch völlig neue Stoffe können entstehen.

- **Kohlenhydrate**
  Im Kaffee sind ca. 30 % Kohlenhydrate enthalten, es sind dies vorwiegend wasserlösliche und wasserunlösliche Polysaccharide, zu einem kleinen Teil auch Zucker wie Saccharose, Glukose, Fructose und Arabinose.

- **Wasser**
  Der Substanzverlust durch das Rösten ist in erster Linie auf das Verdampfen des Wassers zurückzuführen. Der Wassergehalt der Kaffeebohnen variiert sehr stark und liegt zwischen 6 und 13 %. Dieser wird beim Röstprozeß auf 0,5 % abgebaut. Nach der Röstung steigt der Feuchtigkeitsgehalt wieder leicht an, darf aber die Grenze von 5 % (gesetzlich festgelegt) nicht übersteigen.

- **Fette und Säuren**
  Fette und Säuren, auch als Kaffeeöle bezeichnet (15–20 %), nehmen bei der Röstung nur unwesentlich ab. Die aus dem Hochland stammenden Arabicas zeigen höhere Säurewerte als die Tieflandkaffees. Die gewaschenen Kaffees weisen mehr feine Säure auf als die trocken aufbereiteten. Von großem Einfluß ist auch der Röstgrad: der Gesamtsäurewert nimmt zu Beginn des Röstvorganges zu, sinkt aber bei starker Röstung wieder auf den Anfangswert zurück.

- **Eiweiß**
  Das natürliche Eiweiß der Rohbohnen (ca. 11 %) wird während des Röstvorganges teilweise abgebaut.

- **Alkaloide**
  An Alkaloiden (organische Basen; enthalten auch in Mohn-, Nachtschatten- oder Hahnenfußgewächsen) sind allen voran Coffein und Chlorogensäure zu nennen, weiters sind im Kaffee geringe Mengen von Theobromin, Theophyllin und Nikotinsäure enthalten.
  Der Coffeingehalt von Arabica-Kaffee liegt bei 0,8–1,8 %, während Robusta-Kaffee 1,4–3 % aufweisen kann. Trigonellin und Nikotinsäure sind im Kaffee zu 0,2–1 % enthalten. Diese Werte werden beim Röstvorgang bis zu 50 % abgebaut.

Mineralstoffe

Der Mineralstoffgehalt der Bohnen variiert sehr stark nach den Anbaugebieten. Den größten Wert nimmt Kalium mit ca. 1 % ein, gefolgt von Calzium, Magnesium und Schwefel als Sulfat.

Aromastoffe

Sie sind es, die uns den Schluck Kaffee so lieb machen, weil sie ihm den typischen Geschmack und Geruch verleihen. Der Rohkaffee an sich enthält keine Aromastoffe, sie werden erst während des Röstprozesses gebildet. Die ersten Untersuchungen über flüchtige Aromastoffe liegen ca. 65–70 Jahre zurück, wobei damals über 70 Stoffe aus dem Röstkaffee extrahiert werden konnten. Dank moderner Forschungsmethoden ist es in jüngerer Zeit gelungen, über 600 Aromabestandteile – genau 639 – zu gewinnen. Vermutet wird, daß die Kaffeebohne noch einmal so viele in sich birgt. Werden diese Stoffe voneinander getrennt, weisen sie alle nur erdenklichen Geruchsrichtungen auf, nur nicht jene von Kaffee. Werden sie wieder zusammengeführt, stellt sich der typische, verführerische Geruch wieder ein.

Entcoffeinierung

Der Vorgang der Entcoffeinierung erfolgt heute noch nach jenem Grundprinzip, das zum Patent angemeldet wurde, vervollkommnet durch viele Zusatzpatente: Zunächst wird das Zellgewebe der Rohbohne gelockert, so daß die coffeinlösenden Mittel in die Bohne eindringen können. Dies geschieht in der Regel durch Dämpfe und Gase. Zur eigentlichen Extraktion werden Mischungen leicht flüchtiger Lösungsmittel verwendet. Das Wesentliche bei der Extraktion des Coffeins ist, daß neben dem Coffein keine weiteren Stoffe herausgelöst werden und daß das Verfahren abgeschlossen wird, ohne daß Teile des Lösungsmittels – abgesehen von kleinen Resten – als Rückstand in der Bohnenmasse bleiben.

Kaffee im Welthandel

Heute stellt der Kaffee eines der wichtigsten internationalen Handelsprodukte dar und steht in der Rangliste der Weltwirtschaftsgüter an zweiter Stelle nur knapp hinter dem Erdöl. Mehrere Millionen Menschen leben direkt vom Kaffeeanbau. Etliche Millionen verdienen ihren Lebensunterhalt indirekt damit. Der Kaffee gehört also zu den großen Arbeitsplatzlieferanten der Weltwirtschaft, mehr noch, einige Länder wie etwa Kolumbien, stützen ihre gesamte Wirtschaft auf die Kaffeeindustrie, die sozusagen das Rückgrat ihrer Wirtschaft darstellt. Kolumbien bezieht gegenwärtig etwas mehr als 50% der für den Import wichtigen Devisen aus der Kaffeeproduktion. Mehr als 5 Millionen Kolumbianer leben direkt oder indirekt von der Kaffeewirtschaft und man kann sagen, daß der Kaffee für sie von lebenswichtiger Bedeutung ist und das Wohlergehen der Bevölkerung direkt beeinflußt.

Kaffee ist ein Artikel, der im Welthandel enormen Aufschwung erfuhr und heute eine große Rolle spielt. Im Jahre 1750 lag der Kaffeeverbrauch weltweit bei rund 600.000 Sack Rohkaffee zu je 60 kg. 1850 waren es bereits 4 Millionen Sack. Weitere hundert Jahre später waren es 31 Millionen Sack. 1990 ergab die Welternte bereits 100 Millionen Sack.
Die Produktionsländer verbrauchten von diesen 100 Millionen Sack ca. 20–25 Millionen. Die europäischen Röster liegen mit 40 Millionen Sack im Spitzenfeld, obwohl lediglich 10 % davon in osteuropäische Staaten geliefert wurden.

Die wichtigen Kaffee

PUERTO RICO

DOMINIKANISCHE REP.

HAITI

JAMAIKA

KUBA

HONDURAS

GUATEMALA

MEXIKO

KO

ZENTRALAFRIKA

KONGO (E

TRINIDAD+TOBAGO   G

KAMER

BENIN

EL SALVADOR

NIKARAGUA

COSTA RICA

PANAMA

KOLUMBIEN

EKUADOR

VENEZUELA

PERU

GUINEA

SIERRA LEONE

LIBERIA

ELFENBEINKÜSTE

GHANA

TOGO

NIGERIA

ÄQUAT. GUINEA

BRASILIEN

BOLIVIEN

PARAGUAY

ANGOLA

SAMBIA

SIMB

MAD

Produktionsländer

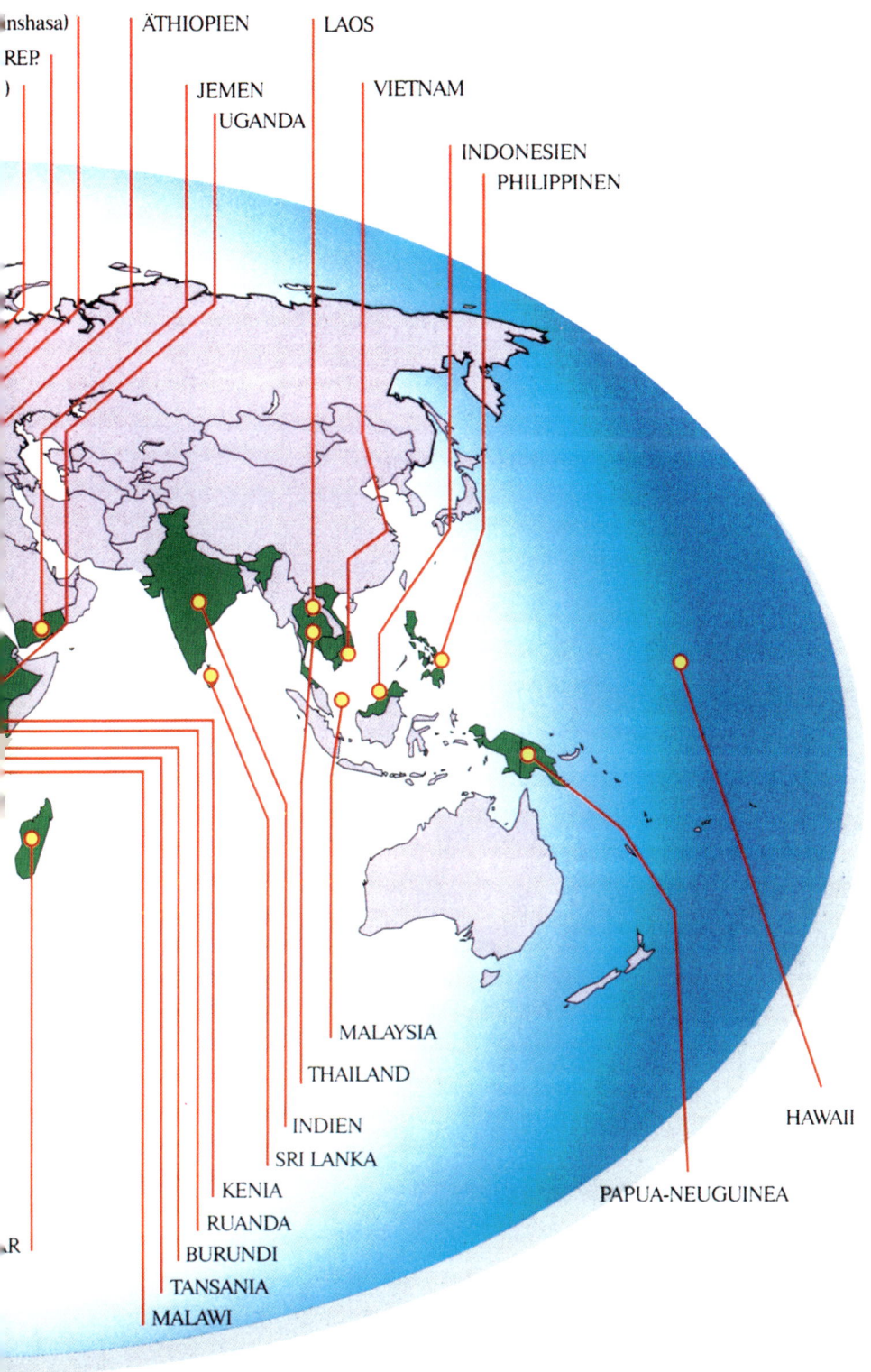

(nshasa)
REP.
)

ÄTHIOPIEN

JEMEN
UGANDA

LAOS

VIETNAM

INDONESIEN
PHILIPPINEN

R

MALAYSIA

THAILAND

INDIEN

SRI LANKA

KENIA

RUANDA

BURUNDI

TANSANIA

MALAWI

PAPUA-NEUGUINEA

HAWAII

Entwicklung des Kaffeekonsums

Entwicklung des Pro-Kopf-Verbrauches in Österreich in der zweiten Hälfte des 20. Jh.s.

1950	0,6 kg	1990	11,6 kg
1960	1,9 kg	1991	10,3 kg
1970	3,8 kg	1992	10,0 kg
1980	6,9 kg	1993	9,2 kg
1985	7,4 kg	1994	8,0 kg
1986	7,7 kg	1995	8,0 kg
1987	8,2 kg	1996	8,0 kg
1988	8,7 kg	1997	8,0 kg
1989	10,0 kg	1998	8,0 kg

Bereits diese Zahlen weisen darauf hin, wie interessant der Handel mit Kaffee ist. Im Jahre 1976 war Kaffee die teuerste Ware im internationalen Handel. Der Kaffee-Export brachte die größten Einnahmen. Noch 1975 lag Weizen mit 8,7 Milliarden Dollar an erster Stelle – Kaffee mit 4,8 Milliarden Dollar an zweiter. Durch die große Preissteigerung im Jahre 1976 überholte der Kaffee (ca. 10 Milliarden Dollar) den

Kleinbauern bringen ihre Ernte in Jutesäcken zum Markt von Metu, Äthiopien.

Weizen (8,3 Milliarden Dollar). Kaffee ist also von großer wirtschaftlicher Bedeutung, obwohl er lediglich Genußmittel und nicht lebensnotwendig ist. Seine belebende Wirkung und sein Geschmack sind wohl ausschlaggebend dafür.

Akteure im Kaffeegeschäft

Pro-Kopf-Verbrauch 1936 im internationalen Vergleich

Schweden	7,9 kg	Deutschland	2,28 kg
Dänemark	7,8 kg	Spanien	1,16 kg
Norwegen	7,2 kg	Italien	0,78 kg
USA	6,07 kg	Österreich	0,76 kg
Belgien	5,8 kg	Tschechoslowakei	0,47 kg
Holland	5,6 kg	Jugoslawien	0,42 kg
Finnland	4,7 kg	Ungarn	0,25 kg
Schweiz	4,7 kg	Polen	0,21 kg
Frankreich	4,3 kg	Rumänien	0,19 kg

Reihung des Pro-Kopf-Verbrauchs von Röstkaffee in den wichtigsten Ländern 1990/91

Finnland	11,6 kg	Spanien	4,1 kg
Schweden	11,2 kg	Portugal	3,0 kg
Dänemark	10,6 kg	Japan	2,9 kg
Österreich	10,3 kg	Ungarn	2,7 kg
Niederlande	9,9 kg	Tschechoslowakei	2,5 kg
Schweiz	8,7 kg	Großbritannien	2,4 kg
Deutschland	7,5 kg	Saudi-Arabien	1,1 kg
Frankreich	5,9 kg	Marokko	0,9 kg
USA	4,5 kg	Polen	0,6 kg
Italien	4,4 kg	ehem. UdSSR	0,2 kg

Handelspartner auf dem Weltmarkt sind die Exporteure (Ablader) der Erzeugerländer und die Importeure der Verbraucherstaaten. Ebensowenig wie der Verbraucher bzw. Röster als Käufer auf dem Weltmarkt erscheint, tritt der Produzent als Verkäufer auf (Ausnahmen bestätigen jeweils die Regel).

Der Röster widmet seine Aufmerksamkeit und sein Kapital der Verarbeitung und seinem Betrieb, während der Produzent beides auf seine

Kulturen konzentriert. Die großen Handelsunternehmen treten als Kontrahenten auf dem Weltmarkt auf. Zwischen ihnen stehen die Agenten, die Makler und die Börse. So gibt es in allen Produktionsländern maßgebliche Firmen, die über ihre Agenten in den Verbraucherstaaten die Geschäfte mit den Einkäufern bzw. Importeuren abwickeln. Vielfach haben diese Firmen eigene Niederlassungen in den wichtigen Verbraucherländern. Es kommt jedoch auch vor, daß bedeutende Importeure ihre Einkaufsbüros oder Vertrauensleute in den Ursprungsländern haben. Die Abrechnungen für diese Geschäfte sind, nicht zuletzt aufgrund der komplizierten und bürokratischen Export- und Importbestimmungen der verschiedenen Staaten, sehr diffizil und hier im einzelnen nicht von Interesse.

Schließlich sei noch ein Wort zu den sogenannten „Konsignationen" gesagt. Hierbei handelt es sich um Ware, die bereits im Bestimmungsland eingelagert wird, obwohl es noch keinen bestimmten Käufer dafür gibt. Es handelt sich dabei entweder um schwer verkäufliche Ware oder aber um eine solche, für die man hohe Preise erzielen will, wofür sie „jederzeit greifbar" sein muß.

In bezug auf die Abwicklung des Kaffeegeschäftes auf dem Weltmarkt unterscheidet man grundsätzlich zwischen dem „Geschäft auf Abladung" und dem „Loco-Geschäft nach Mustern". Ersteres wird entweder auf Beschreibung nach Typen, nach Stocklotmustern oder nach Mustern aus der Ware abgeschlossen. Beim Loco-Geschäft handelt es sich um den Verkauf der bereits im Bestimmungsland befindlichen Ware. Der Ausdruck „Stocklot" wird im Brasilgeschäft des öfteren verwendet. Gemeint sind Partien, die bereits in den Exporthäfen lagern und von denen dem Käufer Muster vorgelegt werden können. Zur Sicherung einer korrekten Abladung wird in der Regel ein Schiedsgericht

Der äthiopische Handelsminister Kassahun Ayele ist in seinem Land mit den Kaffee-Agenden betraut.

Kaffeesammelplatz in der Provinz Illubabor.

vereinbart. Kommt es zwischen Käufer und Verkäufer zu Differenzen ob der Erfüllung bzw. Nichterfüllung eines Kontraktes, so kommt es zu einer *Arbitrage,* d. h. die strittigen Punkte werden in einem Schiedsgerichtsverfahren entschieden.

Kaffeepreis

Der Preis hängt in erster Linie von der Beschaffenheit des Kaffees ab. Zweitens regelt die Nachfrage den Preis. Wertmesser für die Preissituation auf dem Weltmarkt ist heute New York, und zwar wegen der erheblichen Mengen, die dort gehandelt werden. Die auf der New Yorker Börse erzielten Preise werden stets die Weltmarktpreise bestimmen. Daher blickt die Welt auf die Notierungen der New Yorker Börse.

Qualitätskriterien

Hinweise zur Bewertung der Rohware

Der Rohkaffee wird üblicherweise nach Mustern, sogenannten „Ausfallmustern", gekauft. Bevor man den bemusterten Kaffee in der Tasse verkostet, wird die Rohware einer Vorprüfung unterzogen, die bereits wichtige Schlüsse auf die „Tassenqualität" ziehen läßt. Geprüft werden:

- Farbton der Bohne
- Beschaffenheit der Bohnenmasse
- Schnittbeschaffenheit
- Bohnenform und -größe
- Einheitlichkeit der Bohnengröße
- Glanz und Glätte der Bohne
- Silberhäutchen
- Gehalt an Fehlbohnen
- Geruch

Farbton der Bohne

Im einzelnen wird darauf geachtet, ob die Bohnen frischfarbig, also von grünlicher, satter Grundfarbe sind. Ältere Kaffeebohnen sind blaß, die Färbung reicht von knochenbleich und gelblich bis zu bräunlich.

Beschaffenheit der Bohnenmasse

Eine Schnittprobe gibt Auskunft, ob die Bohnen noch zäh und hornartig sind, also die Merkmale von frischem Kaffee aufweisen.

Die Bohnen lassen sich in diesem Fall mit einem Messer wie Horn schneiden; die ganze Schnittfläche sollte hornartig aussehen. Je spröder die Bohne ist, also je schlechter sie sich schneiden läßt, um so älter ist der Kaffee: geringe Farbe, leerer Geschmack, keine Säure usw. werden die Folge in der Tasse sein.

Schnittbeschaffenheit

Unter Schnitt versteht der Fachmann die Rille in der Mitte der abgeflachten Bohnenseite. Beim Kauf ist darauf zu achten, daß er möglichst geschlossen ist. Bei Kaffee mit offenem Schnitt dringt die Rösthitze binnen kurzem in das Bohneninnere ein, was sich ungünstig auf die Qualität auswirkt. Kaffeebohnen mit geschlossenem Schnitt ergeben daher einen besseren Geschmack als jene mit offenem. Einen geschlossenen Schnitt wird man immer nur bei Bohnen von Hochlandgewächsen finden, während jene des Tieflandes stets einen offenen Schnitt zeigen.

Bohnenform

Bei der Bohnenform unterscheiden wir im wesentlichen zwischen Flachbohnen, Perlbohnen und Maragogype. Perlbohnen haben in gewisser Hinsicht die Vorzüge der Bohnen mit geschlossenem Schnitt, da auch sie zu rasches Durchrösten verhindern. Maragogype weisen keine geschmacklichen Vorteile auf.

Bohnengröße

Was über Maragogype gesagt wurde, trifft allgemein auch auf großbohnige Kaffeesorten zu. Diese werden immer höher bewertet als

Verlesen der gerösteten Bohnen auf Papua-Neuguinea.

kleinbohnige, was aber lediglich in ihrer vorteilhafteren optischen Wirkung gründet. Eine einheitliche Bohnengröße ist vor allem für die Röstung wichtig, weil diese dadurch gleichmäßiger erfolgt, was jedoch nicht unbedingt eine geschmackliche Verbesserung bedeutet. Glanz und Glätte der Bohne lassen in der Regel darauf schließen, daß es sich um sorgfältig aufbereiteten Kaffee handelt. Es kann aber auch sein, daß die Ware später „verschönert" wurde. Rückschlüsse auf die geschmackliche Güte lassen sich daraus nicht ziehen.

Gemessen wird die Bohnengröße durch Selektion über Sieben. Das „Sieb" des Rohkaffees wird in Zahlen angegeben, die dem Durchmesser der Sieblöcher entsprechen. Angegeben ist stets die Breite der Bohne, nicht deren Länge!

Sieb		ungefähre Breite in mm
20/19	extra large bean	8,00–7,25
18	large bean	7,00
17	good to large bean	6,75
16	good bean	6,50
15	medium bean	6,00
14	small bean	5,50
13/10	Peaberry	5,25–4,00

Silberhäutchen

Sorgfältig bearbeiteter Kaffee, vor allem wenn er nach dem nassen Verfahren aufbereitet wurde, ist weitestgehend frei von Silberhäutchen, trocken aufbereiteter Kaffee hingegen weist noch reichliche Rückstände davon auf. Eine Ausnahme bilden die ostafrikanischen Arabicas *(Kenya, Tanganjika)*, bei denen sich pflanzenphysiologisch bedingt, trotz nasser Aufbereitung, die Silberhäutchen nicht restlos entfernen lassen, was nicht weiter tragisch ist, da dies keinen Einfluß auf den Geschmack hat. Auch das Bild des Röstgutes wird nicht beeinträchtigt, da die Reste beim Rösten abspringen.

Gehalt an Fehlbohnen

Ein erstklassiger Kaffee sollte so gut wie keine Fehlbohnen enthalten. Im übrigen wird man unterscheiden, ob es sich lediglich um harmlose äußerliche Fehler handelt wie Bruchbohnen, „Ohren" oder sogenannte „Elefanten" oder um die Qualität beeinträchtigende Bohnen wie schwarze (vertrocknete) Bohnen, Ölbohnen oder Grasbohnen (nicht ausgereift; sogenannte „Stinker").

Kaffee begleitet den Lebensweg von Kindesbeinen an.

Geruch

Schließlich wird der Geruch des Kaffees geprüft. Harte Kaffeesorten entfalten bereits im Rohzustand einen typischen Geruch (karbolähnlich). Muffig und erdig riechender Kaffee wird auch in der Tasse entsprechend schmecken. Im übrigen wird frischer Kaffee von intensiverem Geruch sein als abgelagerter.

Tassenprüfung

Nachdem die Rohware nach diesen Kriterien beurteilt und eine Vorauswahl getroffen wurde, prüft man die Qualität des Kaffees in der Tasse. Hierzu bedarf es einer Proberöstung. Geschmacksunreinheiten, die u. a. von Fehlbohnen verursacht werden, wird man bei der sogenannten „Tassenprüfung" schnell herausfinden. Waren bei der Begutachtung des Rohkaffees keine Mängel festzustellen, wird man nun prüfen, ob der Kaffee in der Tasse das hält, was man sich vom Bild der Rohware versprochen hat.

Was versteht man unter hartem und weichem Kaffee?

Diese Frage bezieht sich allein auf brasilianischen Kaffee. Harter Kaffee ist von karbolähnlichem Geruch und Geschmack; so bei Minas und bei Rio-Kaffee. Auch werden diese Sorten nicht sorgfältig aufbereitet und weisen vielfach hohe Anteile von Verunreinigungen (Steine, Zweige) auf. Die qualitativ hochwertigeren brasilianischen Sorten sind im wesentlichen weiche Santos-Kaffees.

Welche Ernte soll der Röster kaufen?

Die Zeit der Blüte des Kaffeestrauches und damit auch die Ernte der kirschenähnlichen Früchte variieren je nach Klima. Auch ist es möglich, daß die Sträucher mehrmals blühen und gleichzeitig Blüten und reife Kirschen tragen. Obwohl die Kulturen über einige Monate in Blüte stehen, wird eine einzelne Blüte interessanterweise nur wenige Stunden bis zu drei Tage alt, der einzelne Strauch selbst steht nur einige wenige Tage in Blüte. Die Kaffeekirschen reifen in acht bis zehn Monaten wiederum abhängig vom Klima. Entsprechend der Blütezeit und der Dauer der Fruchtreife erstreckt sich auch die Ernte auf mehrere Monate.

Der Röster soll nach Möglichkeit die letzte Ernte kaufen. Untersuchungen an einer jungen und einer alten Ernte ergaben ein deutliches Resultat zugunsten der jüngeren. Die alte Ernte wirkte flach, leer und kraftlos. Röstproben von Bohnen beider Ernten, die in einem Glas gut verschlossen 24 Stunden reiften, unterschieden sich bei der Riechprobe bereits beim Öffnen des Glases.

Begutachten von guatemaltekischem Pergamino (Hornschalenkaffee).

Klassifizierungen

Höhenlage der Anbaugebiete und Qualitätsbestimmung

Mittelamerikanische Ursprungsländer wie Costa Rica oder Guatemala klassifizieren den Kaffee nach der Seehöhe der Anbaugebiete und verleihen davon abhängig Qualitätsbezeichnungen. Die Klassifizierung von Costa-Rica-Kaffee weicht von den Standardtypen der Föderation nach der Höhe wie folgt ab:

Atlantic	*Low Grown Atlantic*	(LGA, 600–900 m ü. M.)
	High Grown Atlantic	(HGA, 900–1.400 m ü. M.)
Meseta Central	*Hard Bean*	(HBA, 1.000–1.300 m ü. M.)
	Strictly Hard Bean	(SHB, 1.300–1.600 m.ü. M.)

Das Kriterium der Höhenlage allein genügt jedoch nicht, um einen Kaffee zu qualifizieren. Die Plantagenbezeichnungsmarke ist stets mitzuberücksichtigen. So sind Spitzensorten wie *Tarrazu* oder *Guadelupe* ein Begriff, während andere *Strictly Hard Beans* niedriger rangieren können.

Costa-Rica-Bohnen sind grün bis blaugrün, schlank, zeigen einen leicht gezacktem Schnitt (auf den Schnittseiten etwas eingedrückt) und sind nahezu frei von Silberhäutchen. Der Kaffee ist tadellos verlesen und gewaschen. In der Tasse nicht immer ausgesprochen kräftig, ergeben diese Bohnen jedoch zumeist, und das gilt insbesondere für *Strictly Hard Beans,* feinste Säure und edles Aroma.

Die Qualifizierungen von Kaffeesorten aus Guatemala hingegen sehen ganz anders aus. Hier werden entsprechend der Höhenlage der Plantagen zwei verschiedene Geschmacksrichtungen unterschieden.

- Hochgewächse aus den Distrikten Antigua, Coban, Costa Cuca und Tumbador (900–1.800 m ü. M.).
- Tieflandgewächse der Distrikte Solola, San Marcos etc.

Die Hochlandsorten sind von großer Geschmacksfülle und feinster Säure sowie in der Tasse gut färbend, während die Tieflandsorten sowohl im Geschmack als auch im Aroma wesentlich „leichter" sind. Die guatemaltekischen Kaffees sind jedoch alle von zuverlässiger Qualität, sorgfältig aufbereitet, geschmacklich neutral und durchwegs sehr fein.

Differenzierung nach der Herkunft

Um Inhomogenitäten aufzuzeigen und die verschiedenen Rohkaffeesorten taxonomischen Gruppen wie dem Herkunftsland zuordnen zu können, wurde eine Clusteranalyse durchgeführt. Die Clusteranalyse stellt eine taxonomische Methode mit lediglich beschreibendem Charakter dar. Dabei werden aufgrund von Ähnlichkeiten sogenannte Cluster gebildet. Zur Clusteranalyse konnten 38 der insgesamt 44 Rohkaffeesorten aus 15 verschiedenen Anbauländern herangezogen werden. Zur Beschreibung der Ähnlichkeit wurde als Merkmal die Konzentration die einzelnen freien Aminosäuren gleichwertig verwendet. Aufgrund vorhandener Ähnlichkeiten konnten die Rohkaffees zu Clustern zusammengefaßt werden.

Bereits auf einem geringen Distanceniveau bildeten alle kolumbianischen Arabicas zusammen mit zwei tansanischen Rohkaffees einen Cluster. In der zweiten Gruppe waren bei einem höheren Distanceniveau alle brasilianischen Arabicas und die Rohkaffees aus Costa Rica, Ostindien, Papua-Neuguinea sowie einer der äthiopischen Arabicas enthalten. Zu einem dritten Cluster wurden die afrikanischen Rohkaffees aus Kenia, Simbabwe und die restlichen Rohkaffees aus Äthiopien und Tansania zusammengefaßt. Fünf der sechs indonesischen Robustas bildeten das vierte Cluster.
Von den Arabicas konnten die Rohkaffees aus Ecuador und El Salvador nicht zugeordnet werden, von den Robustas waren die Rohkaffees aus Kamerun, Madagaskar, von den Philippinen und einer der indonesischen Inseln keinem Cluster zuweisbar.

Mit der Clusteranalyse konnte gezeigt werden, daß aufgrund ähnlicher Konzentration an freier Aminosäure die Rohkaffees gleicher Provenienz, z. B. Kolumbien, und zum anderen die Rohkaffees aus einem geographischen Gebiet, z. B. Afrika, als taxonomische Gruppen zueinandergehören.
Nicht in eine Gruppe zusammengefaßt wurden drei tansanische und zwei äthiopische Arabicas. Einige wurden erwartungsgemäß den afrikanischen, die übrigen den südamerikanischen Rohkaffees zugeordnet.

Möglicherweise handelt es sich bei diesen Rohkaffees um verschiedene Variationen der Art *Coffea Arabica*. Wegen der von anderen Rohkaffees stark abweichenden Aminosäurekonzentration konnten die Rohkaffees aus Ecuador, Madagaskar, Kamerun und den Philippinen keiner der vier Gruppen zugeordnet werden.

Differenzierung nach der botanischen Zugehörigkeit

Um zwischen Rohkaffees der Arten *Coffea arabica* (Arabischer Kaffee) und *Coffea canephora* (Robusta-Kaffee) differenzieren zu können, wurde mit Hilfe einer schrittweisen Diskriminanzanalyse versucht, geeignete Klassifikationskriterien zu finden. Die Diskriminanzanalyse ist ein Verfahren, bei dem versucht wird, aufgrund von Beobachtungsmerkmalen Einheiten unterschiedlicher Kollektive durch eine Diskriminanzfunktion einem richtigen Kollektiv zuzuordnen. Durch lineare Verknüpfung mehrerer Differenzmerkmale wurden Trennfunktionen zur eindeutigen Zuordnung der Rohkaffees erstellt.

Die Rohkaffees wurden nach der pflanzensystematischen und geographischen Zugehörigkeit in
- Robustas
- süd- und mittelamerikanische Arabicas sowie
- afrikanische und asiatische Arabicas eingeteilt.

Als Differenzierungsmerkmal wurde die Konzentration an freien Aminosäuren herangezogen. Die schrittweise Diskriminanzanalyse ergab, daß die Konzentrationsunterschiede von Glutaminsäure und von Vallin bereits ausreichten, um zu einer Zuordnung der Rohkaffees zur Art *Coffea arabica* oder Robusta zu gelangen. Mit den beiden Differenzierungsmerkmalen, wobei Glutaminsäure die dominierende Rolle spielte, wurde die Klassifikationsfunktion berechnet. Für jeden Rohkaffee wurde der Diskriminanzwert aus drei Funktionen berechnet und der Rohkaffee dann jener Gruppe zugeordnet, bei deren Trennfunktion sich der höchste Diskriminanzwert ergab. Mit Hilfe der Diskriminanzfunktion war mit einer hohen Treffsicherheit die Zuordnung zur Art *Coffea arabica* oder *Coffea canephora* (Robusta) möglich.

Von den Arabicas aus Süd- und Mittelamerika wurden 15 von 17 richtig zugeordnet. Der ecuadorianische Rohkaffee wurde als Robusta und ein brasilianischer Rohkaffee als afrikanischer Rohkaffee eingestuft. Von den zwölf afrikanischen und asiatischen Proben wurden acht richtig klassifiziert. Zwei tansanische, ein äthiopischer und der Rohkaffee aus Papua-Neuguinea wurden den amerikanischen Arabicas zugeordnet. Erwartungsgemäß wurde von den Arabicas lediglich der Rohkaffee aus Ecuador, der eine für Arabicas atypische Aminosäure-konzentration aufwies, den Robustas zugeordnet.

Die Diskriminanzanalyse zeigt, daß eine Differenzierung von Rohkaffee nach unterschiedlicher Konzentration an freien Aminosäuren möglich ist. Dabei kann mit hoher Sicherheit zwischen den beiden botanischen Arten differenziert werden. Es konnte sogar die geographische Herkunft einer Coffea-Art bestimmt werden. Allerdings war die Wahrscheinlichkeit der richtigen Zuordnung nicht ganz so hoch wie zwischen den verschiedenen Coffea-Arten.

Die beschriebenen Diskriminanzfunktionen repräsentieren nur eine Möglichkeit von weiteren denkbaren Diskriminanzfunktionen. Da der Rechenaufwand für eine Diskriminanzanalyse sehr groß ist, wurden keine weiteren Ansätze berechnet. Das Ziel dieser Berechnungen, nämlich die Möglichkeit der Differenzierung zwischen Arabica und Robusta aufzuzeigen, konnte mit den beschriebenen Trennfunktionen erreicht werden. Bemerkenswert dabei ist, daß allein über zwei

Guatemala: Der Schatten großer Bäume schützt die Kaffeekultur vor zu starker Sonnenbestrahlung, ein Vertrocknen der Früchte am Strauch wird hintangehalten.

Aminosäuren sehr genau differenziert werden konnte. Nunmehr müßte an weiteren Rohkaffeesorten geprüft werden, wie weit sich die beschriebenen Diskriminanzfunktionen zur tatsächlichen Differenzierung von Rohkaffee eignen.

Die Bewertung von Brasil-Kaffees

Will man Rohkaffee charakterisieren, so gilt es zunächst klarzustellen, was bei der Beurteilung besonders zu berücksichtigen ist. Rohkaffee ist ein Naturprodukt, d. h., daß aufeinanderfolgende Ernten nie genau gleich ausfallen. Verschiedene Witterungseinflüsse bewirken, daß die Ernten einmal reicher und einmal magerer ausfallen, oder daß in einem Jahr ganz hervorragender Kaffee geliefert wird, im darauffolgenden Erntejahr Tassenqualität und Bohnenbeschaffenheit als kaum durchschnittlich zu bezeichnen sind. Dementsprechend ist die Klassifizierung zu handhaben.

Es kommt auf den Qualitätsdurchschnitt einer Ernte an, z. B. können Brasil-Kaffees mit der Beschreibung *strictly soft, solid bean, fine cup, desirable quality* aus einer durch ungünstige Witterungseinflüsse beeinträchtigten Ernte unter dem Qualitätsdurchschnitt für feine Kaffees nach obiger Beschreibung der vergangenen Ernteperiode liegen. Es ist dann eben das beste, das in diesem Jahr an feinem Kaffee abgeladen werden konnte, ungeachtet dessen, was im vorangangenen Erntejahr nach genannter Beschreibung zur Abladung kamen. Große Ernten bringen einen größeren Anteil an hoher Siebung. Sieb 17/18/19 und auch 20. Bei kleineren Ernten ist naturgemäß der Anteil großbohniger Kaffees geringer.

Beispiel:

Good to large bean bezeichnet im allgemeinen eine Bohnengröße, die knapp Sieb 17 entspricht. In einem Jahr, in dem die Ernten in Brasilien durchwegs „kleinbohnig ausgefallen" sind, wird man einen Kaffee, der nach der Beschreibung *good to large bean* verkauft wurde und der für Arbitrage angemeldet worden ist, weil die Siebung des Kaffees unter Sieb 17 liegt, toleranter beurteilen müssen als bei einer Ernte, die durchwegs großbohnige Kaffees liefert. Ist aber vom Ablader nach der Beschreibung Sieb 17 verkauft worden, so muß die Lieferung entsprechend ausfallen. Kommt es in diesem Fall zu einer Arbitrage, kann dem Ablader trotz der allgemeinen kleinbohnigen Ernte kein Entgegenkommen gezeigt werden.

Der zweite wesentliche Faktor bei einer Begutachtung von Rohkaffee ist die persönliche Einstellung zu einem Kaffee, sei es nun auf Seiten des Käufers oder des Verkäufers. Es gibt kaum einen Artikel im Welthandel, der eine derartige Vielfalt an Qualitätsnuancen aufweist wie eben Kaffee. Aus dieser Vielfalt heraus entstehen Fragen, die eben nur subjektiv beantwortet werden können.

Beispiel:

Im Fall 1 wird ein Santos probiert. Resultat: weich, feine Tasse, für beste Mischungen zu empfehlen.

In Fall 2 probiert man diesen Kaffee zur gleichen Zeit in einem anderen Land. Resultat: leicht herb, für feine Mischungen nicht geeignet.

Der Grund: Die Wasserverhältnisse im Fall 1 (15 Härtegrade) sind völlig verschieden von jenen im Fall 2 (3 Härtegrade).

Dem erfahrenen Ablader in Brasilien ist bekannt, welche Anforderungen in bezug auf Tassenqualität, Bohnenbeschaffenheit usw. seine Abnehmer auf den verschiedenen Märkten der Welt stellen. Dementsprechend baut er seine Typen bzw. Angebote an den verschiedenen Märkten auch unterschiedlich auf.

Da ein Santos-Kaffee ohne Fehler praktisch nicht vorkommt, scheidet der theoretisch mögliche Typ NY 1 aus. Es haben sich zahlreiche Bezeichnungen etabliert, die den New Yorker Standardtypen (NY) folgendermaßen zugeordnet werden können:

NY 2	*Extra special*
NY 2–3	*Extra prime*
NY 3–4	*Prime*
NY 4–5	*Superior*
NY 5–6	*Good*
NY 6–7	*Regular*
NY 7–8	*Ordinary*

Dabei ist aber häufig z. B. der Typ *Extra prime* des Abladers X besser oder schlechter als vielleicht der des Abladers Y oder Z. Es kommt also auf die Sachkenntnisse des Importeurs an. Auch haben viele Ablader ihren Typen Phantasienamen gegeben, deren Klassifizierung dann dem jeweiligen Käufer überlassen bleibt. Darüber hinaus sind bei der Klassifizierung des Rohkaffees neben dem Grad der Siebgröße, die Farbe des Rohkaffees, der Brand und die Tassenqualität von entscheidender Bedeutung.

In den Offerten brasilianischer Anbieter werden folgende Beschreibungen genannt:

Fine roast	0–1 Fehler auf 100 g Röstgut
Good to fine roast	2–5 Fehler auf 100 g Röstgut
Good roast	8–10 Fehler auf 100 g Röstgut

Die als *Fair to good roast* bezeichneten Kaffees, die im Brand noch geringer sind als *Good roast* und etwa 15–20 Röstfehler auf 100 Gramm Röstgut aufweisen.

Bei Berechnung der Fehleranzahl gilt eine schwarze Bohne als Hauptfehler. Alle anderen Fehler werden hierauf umgerechnet. Im einzelnen wird die Wertung nach folgender Tabelle vorgenommen:

1 schwarze Bohne	1 Fehler
1 großer Stein + 1 großes Stück Holz + 1 großes Erdstück	5 Fehler
1 mittlerer Stein + 1 mittleres Holz + 1 mittleres Erdstück	2 Fehler
1 kleiner Stein + 1 kleines Holz + 1 kleines Erdstück	1 Fehler
1 Kirsche	1 Fehler
1 große Kirschenschale	1 Fehler
2 saure Bohnen	1 Fehler
2 Bohnen in Hülsen	1 Fehler
2 oder 3 kleine Kirschenschalen	1 Fehler
3 Ohren	1 Fehler
5 grüne Bohnen (unreif)	1 Fehler
5 Bruchbohnen *(broken)*	1 Fehler
5 deformierte Bohnen *(Quaker)*	1 Fehler

Eine weitere Klassifizierung des Rohkaffees nach Bohnengröße

Die Separierung der Rohkaffees nach Bohnengröße erfolgt mittels elektrisch betriebener Rüttel- oder Trommelsiebe mit verschieden groß gelochten Boden- oder Wandblechen. Offerte aus Übersee enthalten wesentliche Angaben über die Bohnengröße, die zwar je nach Herkunftsland unterschiedlich abgefaßt sind, für den Fachmann jedoch eine wichtige Grundlage zur Beurteilung der angebotenen Provenienzen darstellt. In nachstehender Tabelle sind die handelsüblichen Bezeichnungen für Arabica-Rohkaffees der verschiedenen Herkunftsländer einander gegenübergestellt. Die Angaben beziehen sich auf die Taille der Bohne, den Umfang also, nicht ihre Länge. Bei Flachbohnen werden die Maße auf Sieben mit runden Löchern ermittelt, die Perlbohnen separiert man auf Sieben mit ovalen Öffnungen oder Schlitzen bestimmter Weiten. Im einzelnen beziehen sich die Angaben auf:

1   Brasilien – das die Bohnengröße nach einem in 64 Teilen zerlegten Zoll festsetzt.
2   die in Millimetern ausgedrückten deutschen Siebgrößen
3/4 die englischen und deutschen Wortbeschreibungen für Brasil-Kaffees

Zur Trocknung sollen möglichst nur reife rote Kaffeekirschen gelangen, unreife oder am Strauch vertrocknete Früchte werden zuvor aussortiert.

5 die in Ostafrika und Indien üblichen Klassifizierungen nach Buchstaben

6 die in Zentralamerika und Mexiko angewandten Handelsbezeichnungen

7 die englische Unterteilung in Flach- und Perlbohnen nach numerierten Klassen.

1 Bohnengröße	2 Sieb mm	3	4	5	6	7
20	7,95/8	very large	sehr groß	–	–	–
19½	7,75/7½	bean	bohnig			
19	7,54/7½	extra large	besonders	„AA"	–	–
18½	7,35/7½	bean	großbohnig			
18	7,14/7	large bean	großbohnig	„A"	„Superior"	1st Flats
17	6,75/6½	bold bean	derbbohnig	–	–	–
16	6,35/6½	good bean	gutbohnig	„B"	("Primera")	2nd Flats
15	6,95/6	medium bean	mittelbohnig	–	–	–
14	5,56/5½	small bean	kleinbohnig	„C"	„Tercera"	3rd Flats
13	5,16/5½				„Caracol"	1st Peaberries
12	4,76/5					
11	4,30/4½	Peaberry	Perl	„PB"	„Caracol"	2nd Peaberries
10	3,97/4					
9	3,57/3½				„Caracolillo"	3rd Peaberries
8	3,17/3					–

Legenden um den Kaffee

Kaffee in der Form, wie wir ihn heute kennen und schätzen, nämlich geröstet – und das ist ja das Entscheidende – ist kaum fünfhundert Jahre alt. Und doch ist Kaffee viel älter. Da sein Ursprung unbekannt ist, hat sich die Legende seiner bemächtigt und seine Entdeckung sagenhaft zu deuten versucht. Die Legenden, die um dieses wunderbare Getränk gesponnen wurden, sind unzählig und wie alle Legenden eine Mixtur aus Phantasie und Realität.

Richtig ist jedoch die Behauptung, daß der Kaffeebaum ein ehrwürdiges Alter hat. Die Pflanze existiert mit Sicherheit, seit es Menschen gibt. Sie hat geblüht und Früchte getragen, und die Menschen werden die Früchte auch auf ihre Verwendbarkeit untersucht haben, ohne jedoch das Entscheidende ihres Wesens zu entdecken.
Weit unten im Süden im Reich des Negus, in der Heimat des bereits in Vergessenheit geratenen Kaisers von Abessinien, Haile Selassie, der am 2. November 1930 zum König der Könige, also zum Kaiser gekrönt wurde, entdeckte vor vielen, vielen Jahren ein Mensch durch Zufall einen sehr schönen, rote Früchte tragenden Baum, der noch einladender und verlockender erschien als die Bäume im biblischen Paradies. Vielleicht probierte er die reifen Beeren und ihr feiner Geschmack war ihm angenehm. Später dienten ihm die getrockneten Früchte, grün oder halb von der Sonne geröstet, als Nahrungsmittel. Von ihnen zu kosten erfüllte ihn mit reiner Freude und schenkte ihm neue Kraft. Er hatte das entdeckt, was bei uns viel später unter dem Namen „Kaffee" bekannt wurde.

Eine der Legenden spielt im Jemen, im Kloster von Chehodet. Eine Ziegenherde graste friedlich auf der Weide. Einige der Tiere hatten sich von der Herde entfernt, daher machten sich die Hirten auf, in den Bergen nach ihnen zu suchen. Sie fanden die Ziegen in einem Zustand ungewöhnlicher Erregung, was offenbar damit zusammenhing, daß sie von den roten Früchte eines Strauches mit glänzenden, grünen Blättern gefressen hatten. Die Hirten erzählten die Begebenheit den Mönchen, die sich nun für diese Sträucher, die ihnen zuvor nie aufgefallen waren, zu interessieren begannen. Der Superior ließ einen Aufguß aus Beeren und Blättern der Pflanze bereiten. Die Mönche kosteten und stellten bei sich ähnliche Reaktion fest, wie sie bei den Ziegen beobachtet worden waren. Sie konnten die halbe Nacht nicht schlafen. Von diesem Zeitpunkt an tranken sie jeden Tag von diesem Getränk, das ihnen half ihre Gebete bis tief in die Nacht auszudehnen, ohne von Müdigkeit übermannt zu werden.

Manche wollten die Existenz von Kaffee auch in der Bibel nachweisbar wissen. So heißt es im 1. Buch Moses, Kap. 25, Abs. 29/30: „Und Jakob kochte ein Gericht. Da kam Esau vom Feld und war müde und sprach zu Jakob: Laß mich essen das rote Gericht, denn ich bin müde." Und im 2. Buch Samuel, Kap. 17, Abs. 27–29 liest man: „Als David nach Mahanajim gekommen war, da brachten Schobi, der Sohn des Nahasch von Rabbath-Ammon, und Machir, der Sohn Ammiels von Lo-Dabar, und Barsillai, ein Gileaditer von Roglim, Betten, Becken, irdene Gefäße, Weizen Gerste, Mehl, geröstete Körner, Bohnen, Linsen, Honig, Butter, Kuh- und Schafskäse, um David und das Volk, das bei ihm war, zu stärken."
Ob gar die Beziehung zwischen König Salomon und der Königin von Saba – einer Äthiopierin, die ja ebenfalls in der Bibel erwähnt wird, etwas mit dem Kaffee zu tun gehabt hat, möge dahingestellt sein.

Keine Legende: Äthiopien ist das Geburtsland der Arabica-Bohne. So gesehen, hätte es heute eine Monopolstellung: es könnte allein über Arabica-Kaffee verfügen. Und würde ein reiches Land sein. Aber das Gegenteil ist Realität: Äthiopien ist ein fleißiges, aber sehr armes Land. Der äthiopische Kaffee ist einer der besten; seine Inhaltsstoffe sind die bekömmlichsten. Zunächst kam der Kaffee nach Jemen. Bis 1690 hatten die Araber die Monopolstellung innerhalb der Weltproduktion. Historikern zufolge wurden die Samen, bevor sie verschickt wurden, abgebrüht, um ein Keimen zu verhindern. 1690 landeten holländische Seefahrer an der Küste, um sich eine Kaffeepflanze zu verschaffen. Alle Kaffeeplantagen gehen auf dieses eine Exemplar zurück.
Noch heute wachsen in den Wäldern von Äthiopien Kaffeebäume wild. Es wird dort keinerlei Kunstdünger verwendet; die Pflanzen werden mit Kaffeehäutchen, die beim Schälen des Kaffees anfallen, gedüngt. Also reiner ökologischer Anbau – es ist empfehlenswert, diesen Kaffee zu kaufen: geschmacklich hervorragend, milder guter Abgang, aromareich. Zudem tun sie mit dem Kauf äthiopischen Kaffees ein gutes Werk.

Die Anfänge der Kaffeegeschichte

Die Zäsur in der geschichtlichen Bedeutung des Kaffeestrauches erfolgte mit der Veredelung des Kaffeesamens durch das Rösten. Von diesem Zeitpunkt an wurde die Pflanze interessant. Wer jedoch erstmals Kaffee geröstet hat, wo und auf welche Weise, liegt im dunkeln, ebenso die Antwort auf die Frage, wann aus dem gerösteten Samen erstmals ein kaffeeähnlicher Aufguß hergestellt wurde. Wahrscheinlich ist Kaffee mehr oder weniger zufällig entdeckt worden. Fest steht hingegen, daß die Kaffeekirschen, bevor man um die Vorteile des Röstens der Samen wußte, gekocht wurden. Daher ist es gut möglich, daß aus dem Kochen deshalb ein Rösten geworden ist, weil der Sud ganz einfach anbrannte. Es kann auch sein, daß die Menschen durch einen Waldbrand oder durch Verbrennen von fruchttragenden Zweigen auf das einmalige Aroma gerösteter Kaffeesamen aufmerksam geworden sind.

Einen „Erfinder" des Kaffeeröstens gibt es jedenfalls nicht. Unsterblicher Ruhm wäre ihm sicher gewesen. Mit ziemlicher Gewißheit können wir lediglich annehmen, daß die Entdeckung Amerikas und die Erfindung des Kaffeeröstens zeitlich nicht weit auseinander liegen, ohne natürlich auch nur im geringsten etwas miteinander zu tun zu haben. Um die Mitte des 15. Jahrhunderts dürfte Kaffee erstmals geröstet worden sein.

Die Urheimat des Kaffees

Besser unterrichtet sind wir über die Heimat des Kaffeestrauches. Die Ansicht der Wissenschaftler, daß seine Urheimat Abessinien, heute Äthiopien, und zwar die Provinz Kaffa sei, dürfte richtig sein. Seine Verbreitung ging jedoch von Arabien aus, das damals auf einer höheren Kulturstufe stand. Arabien mit seiner Hauptstadt Mekka, dem Zentrum des Islams, wurde somit zur zweiten Heimat des Kaffees. Die Araber gaben ihm auch einen eigenen Namen. Sie bezeichneten das Getränk als *Gahwa* (ausgesprochen: „Gawe"), was so viel wie „das Erregende", „das Aufstrebende" bedeutet. Ursprünglich gebrauchte man dieses Wort für Wein. Die Türken machten daraus *Kahweh.* Die in allen Sprachen ähnlich klingende Bezeichnung für Kaffee läßt sich fast ausnahmslos auf den arabisch-türkischen Stamm zurückführen. Aus dieser Zeit, als das Getränk Kaffee zunächst in Arabien und bald schon über dessen Grenzen hinaus verbreitet wurde, stammt auch die erste zuverlässige Niederschrift darüber.

Alte arabische Schriften teilen uns mit, daß bereits 1511 ein Kampf um die Nützlichkeit bzw. Schädlichkeit des Kaffeetrinkens entbrannt war. Allerdings nicht vom gesundheitlichen Standpunkt ausgehend, sondern von einem politisch-religiösen Aspekt. Bereits damals trafen die Menschen einander, um Kaffee zu trinken und dabei zu diskutieren. Das beunruhigte die Herrscher, weil sie darin eine Gefahr für das Entstehen von Verschwörungen sahen. Der Kaffeegenuß muß zur damaligen Zeit, zumindest in Arabien, bereits weit verbreitet gewesen sein. Und aufzuhalten war diese Entwicklung auch nicht mehr. Der Kaffee nahm seinen Siegeslauf um die Welt.

Die letzten Jahrzehnte des 16. Jahrhunderts waren eine Epoche der großen Abenteurer. Menschen aller Nationen durchkreuzten die Meere und durchzogen die Neue Welt, um nach Gold und sagenumwobenen Schätzen zu suchen. Eine neue Weltanschauung kam auf; das Streben nach materiellen Gütern wurde durch Entdeckerdrang und Wissensdurst ersetzt. Wissenschaftler, wie Historiker, Anthropologen, Erdkundler und Naturforscher, aber auch Maler zogen in alle vier Himmelsrichtungen aus, um Unbekanntes zu erkunden. Sie kamen nach ausgedehnten Aufenthalten zurück und begeisterten die Zuhörer mit ihren abenteuerlichen Berichten. Zahllose Abhandlungen zu den verschiedensten Themen wurden veröffentlicht.

Sie zählen heute zu den Schätzen öffentlicher und privater Bibliotheken. Zu den ältesten heute bekannten Schriften über den Kaffee gehört ein Buch von Leonhard Rauwolf, einem Arzt aus Augsburg, der von 1573 bis 1578 eine Reise in den Orient unternahm. Es trägt den Titel *Eigentliche Beschreibung der Reise in Syriam, Judeam, Arabiam, Mesopotamiam, Babyloniam* und erschien 1583 in Frankfurt. Hier ein Ausschnitt: „Under anderem habens ein guet Getränk, welliches sie hoch halten tuen. Chaube wird es von ihnen genennth, das normal ist gar nahe wie Dinten so schwarz. Zu dem Wasser nehmens die Früchte Bunnu von Inwohnern genannt. Dieses pflegens am Morgenfru auch an offnen Orten, vor jedermenigklich one alles Abscheuhen zu trincken aus irdenen und procellanischen tieffen Schälein, so warm, alß sies könden erleiden, setzend offt an, thond aber kleine Trincklein und lassens gleich weitter, wie sie nebeneinander im Kreyß sitzen, herumbgehen."

Interessant ist die Bezeichnung *Bunnu*. So oder ähnlich *(Bon, Bunc)* wird der Kaffee oft in alten Schriften genannt, was auf das abessinische Wort für Kaffee zurückzuführen ist. Die Pflanze und auch das Getränk werden in Äthiopien heute noch *Bun* genannt.

Mekka mit der Kaaba, dem Heiligtum der Muslime, war schon damals ein vielbesuchter Wallfahrtsort, und es ist anzunehmen, daß die zahlreichen Pilger die Kunde von dem neuen Getränk verbreitet haben. Die ersten von unseren „Nachbarn", die Gefallen an dem schwarzen Getränk fanden, waren die Türken. Wir verbinden nicht zu Unrecht den Kaffee mit den Türken, waren sie es doch, die Wesentliches zur Verbreitung des Kaffees beigetragen haben.

Das Osmanenreich mit der Hauptstadt Konstantinopel stand auf dem Höhepunkt seiner Macht. Mit seiner Expansion kam auch der Kaffee in die beherrschten Gebiete. Bereits in der ersten Hälfte des 16. Jahrhunderts spielte er nicht nur in Arabien, sondern auch in Kleinasien, Syrien, Ägypten und in Südosteuropa eine bedeutende Rolle.

Die ersten Kaffeehäuser

Interessant ist, daß, sobald das Getränk in weiteren Kreisen bekannt war, auch die ersten Kaffeehäuser entstanden, in denen der „neue"

Szene im legendären ersten Wiener Kaffehaus „Blaue Flasche" von Georg Kolschitzky, Ölbild von Franz Schramm.

Trunk öffentlich ausgeschenkt wurde. Das erste Kaffeehaus auf europäischem Boden wurde 1554 in Konstantinopel errichtet, wie der türkische Geschichtsschreiber Bichevili berichtet. Die übrige Welt kannte das schwarze Getränk zu dieser Zeit nicht einmal dem Namen nach. Noch blieb es Forschern und Weltenbummlern vorbehalten, die Kunde von dem rätselhaften Trunk zu verbreiten. Zuverlässige Belege über das Bekanntwerden des Kaffees in unseren Regionen stammen aus dem auslaufenden 16. Jahrhundert.

Untenstehende Tabelle können wir entnehmen, wann in den einzelnen Städten das erste Kaffehaus eröffnet wurde. Die Jahreszahlen sind nicht immer hundertprozentig verbürgt, auch wird kein Anspruch auf Vollständigkeit erhoben. Hinter den nüchternen Zahlen und Namen, Ziffern und Buchstaben verbirgt sich die bedeutungsvolle Geschichte des Kaffeehauses – mehr noch: ein Stück Kulturgeschichte.

Gründung der ersten Kaffeehäuser

1554	Konstaninopel	1683	Wien
1555	Venedig	1686	Nürnberg, Regensburg
1650	Oxford	1689	Frankfurt am Main
1652	London	1696	New York
1664	Den Haag	1702	Brünn
1671	Marseille	1712	Prag
1672	Paris	1721	Berlin
1679	Hamburg		

Erkenntnisse eines Leibkaffeekochs

Luigi Ferdinando Graf von Marsigli, italienischer Gelehrter, geboren am 10. Juli 1658 in Bologna, trat 1681 in österreichischen Kriegsdienst und geriet 1682 bei Raab in türkische Gefangenschaft. Der Pascha von Temesvar hat Marsigli zu seinem Leibkaffeekoch ausbilden lassen. Marsigli kam nach Wien zurück und verfaßte eine *Geschichte des Kaffees*. Dieses Buch widmete er im Jahre 1685 dem in Wien von 1675–1689 amtierenden apostolischen Nuntius Francesco Bonvisi, dem späteren Erzbischof von Thessaloniki, an den er wie folgt schrieb:

Ehrenwertester Herr!
Die Gesetzgeber der erlesensten und strengsten Sitten unterließen es nicht, den Brauch der Gastmähler fortzusetzen, da sie vielleicht glaubten, daß man seinen Bekannten kein größeres Zeichen der

Zuneigung erbieten könnte, als sie in die eigenen Tischsitten einzu-
weihen; man wußte, daß der berühmte Platon diesen Brauch, nämlich
Gastmähler abzuhalten, die der Nachwelt in Erinnerung geblieben
sind, gepflegt hatte. Sie waren Ursache für gelehrte Gespräche, die
die Gäste jene Heiterkeit lehrten, die nur ein Tischgespräch hervor-
bringen kann.

Es gestattet, daß in der Klarheit der Getränke die Gäste sich gegen-
seitig die Reinheit ihres Herzens zeigten und daß in der Unbeständig-
keit eines alkoholischen Getränkes die Beständigkeit ihrer Freundschaft enthüllt wurde, und so lud man sich mit Trinksprüchen ein.

Eure Eminenz, da Sie einen einzigartigen ausgeprägten Vertand be-
sitzen und fähig sind, diese Menschen nachzuahmen, die den ewigen
Dank der Nachwelt verdienen, da Sie ihnen zahlreich Dienste erwiesen
haben – mit Lehren und Taten, können Sie nichts Geringeres tun, als
Ihnen zu folgen, auch zur Zeit um Erleichterung zu spenden und
Abwechslung für einen ständig überanstrengten Geist; und auf einer
solchen Handhabung und Charakter basiert das Wohlbefinden der
gesamten christlichen Welt.

Ich erinnere mich, mehrere Male gehört zu haben, daß das Mahl nicht
nur als eine Zeit angesehen wird, in der
man dem Körper die nötigen Speisen
zur Erhaltung seiner Funktionen
zuführt, sondern um so mehr, um die
Seele von den Bedrängnissen und Sorgen zu befreien; wenn man Tischge-
nossen hat, die die Gespräche in freu-
diger Gelehrsamkeit führen, die
denen, die zuhören, Anreiz bieten zu
lernen, und die die natürliche Freude
Ihrer Eminenz wiedererweckt, die aus
Höflichkeit und in gleichem Maße aus
Ernst von jedem übergangen wird.
Von allen Seiten gibt es Lob von sol-
chem Ausmaß, da gerade die Gela-
denen sich in einem so ausgezeichneten Getränk eintauchen könnten, das
man sie kosten ließ; daher geschieht es
von mir weniger aus Ergebenheit als

*Graf von Marsigli erwarb als Leibkaffeekoch des Paschas von Temesvar ein
umfassendes Wissen, das er in seiner „Geschichte des Kaffees" veröffentlichte.*

aus Dankbarkeit, Ihnen dieses Getränk selbst zu überlassen, damit es Ihnen zum Wohle dient. Ich, der ich zur Zeit ein fremdes Getränk bei Tisch Ihrer Eminenz einzuführen habe, mit dem Gedanken, daß es für Sie zum Wohl ist, halte es für richtig, es Ihnen mit einem kräftigen Trinkspruch zu präsentieren, mit dem gebräuchlichen Spruch (Auf das Wohl Ihrer Eminenz!). Es geht um den Kaffee, der solch ausgezeichnete Qualitäten besitzt, daß man, wenn man ihn trinkt, er sich vollkommen erleichternd auf das Gemüt auswirkt, das bei Ihnen manchmal Ihre perfekte Gesundheit stört. Ich weiß zwar, daß es jedem sonderbar vorkommen mag, wenn ich über die Kunst der Medizin spreche, da es ja nicht mein Beruf ist, aber ich hoffe, daß Ihre Eminenz weiß, daß die Gründe, die ich anführe, nichts anderes als Überlieferungen aus Gebieten, die in der Medizin behandelt wurden, sind. Und sie werden ja sehen, daß ein Türke sich nach der Meinung aller anderen, die darüber gesprochen haben, gerichtet hat, um die Stärken des Kaffees zu erklären.

Darüber hinaus werden Sie darin über den Ursprung, die Vermehrung, die Reifung, und die Zubereitung der Kaffeefrucht lesen, um es kurz zu sagen, daß es großer Fähigkeiten bedarf, ein solches Getränk herzustellen; damit es Sie nicht sonderbar anmutet, daß ich die Erzeugung dieser Pflanze schildere, und zwar in einer ganz andern Art, wie sie bis heute noch nicht geschrieben wurde, habe ich beschlossen, ihnen den Bericht, den mir der Autor gegeben hat, in Türkisch und Italienisch zu Gesicht zu bringen.

Es war Cuseim Efendi, ein Mann, dem nicht nur von den Türken für seine exakte Geschichtsschreibung im Dienste des Osmanischen Reiches höchste Anerkennung zuteil wurde, sondern auch von den Christen, die mit ihm am Hof von Konstatinopel verkehrten, wie auch ich die Gelegenheit dazu hatte, und wenn ich an ihn denke und mir seiner Talente bewußt werde weiß ich, daß es Gesetz der guten Freundschaft ist, nichts Geringeres tun zu können, als zu bedauern, daß er im falschen Glauben an den Islam gestorben ist. Dem Bericht hinzuzufügen wäre, daß ich aus den besagten Orten die Erfahrung aus den Reisen erwähne, die ich mit dem Bailo Ciurani durch die Türkei gemacht habe, und die Übung, die ich in der Zeit meiner Gefangenschaft bei Ahmet Bassa von Thimisuar erlangte, der vor Wien starb, da ihm der Vesir Gift gegeben hatte.

Es geschah durch die ständige Übung, die ich durch viele Tage hindurch erhielt, in denen ich in einem verrauchten Zelt die Kochkunst des Kaffeekochens praktizierte, und nicht nur durch die Menge, die

Um 1900 fand die Wika-Kaffeemaschine in Form und Funktion bei Kaffeefreunden großen Anklang. Aus einem Innenbehälter tropft das Wasser in einem Boiler, wo es mit dem Mahlgut erhitzt wird.

am häuslichen Hof notwendig war, sondern auch für alles Mögliche brauchte man einen eingerichteten Laden, der so ähnlich ist wie unsere Gaststätten; Meine Ausbildung als Kaffeekoch brachte mir viele Vorteile, ja es rettete mir sogar das Leben, außerdem führte es zu einer Bekanntschaft mit den Bosniern, die mich in jener Zeit kauften, als gerade meine Vorbereitungen zum Fluchtversuch, durch einen Säbelhieb, der mir fast das Leben gekostet hätte, fehlgeschlagen hatten.

Deshalb, Eure Eminenz, kann man sagen, daß der Kaffee für mich große Tugenden besitzt und daß es sehr wohl richtig ist, daß ich ihm dankbar bin und so seine hervorragende Stärken preise.

Marsigli hat bereits damals bemerkenswerte Erkenntnisse festgehalten. Über das Rösten schreibt er: „Sowohl Schale als auch die Bohne dürfen beim Rösten nicht zu stark verbrannt werden, denn das würde ihnen schaden und es würde ihnen alles weggebrannt werden, was die Melancholie und Phlegma vertreibt."

Marsigli beschreibt auch das Zerkleinern. Damals wurden die Kaffeebohnen ja nicht gemahlen, sondern in einem Mörser zerstoßen. Marsiglis Ratschläge für das Aufbewahren von Kaffee verblüffen nahezu: „Dieses Pulver, das gerade Ähnlichkeiten mit dem spanischen Tabak hat, muß sorgfältig in einem Lederbeutel aufbewahrt werden und von Zeit zu Zeit von einigen warmen Wassertropfen benetzt werden, und worin man auch immer etwas von diesem Pulver aufbewahrt, geschieht es, daß seine staubförmigen Teilchen, die sonst leicht ausrauchen, zusammengepreßt und vereint bleiben durch die Klebrigkeit der besagten Feuchtigkeit. Das ist das sogenannte Ausrauchen, das dem Kaffee leicht und schnell seine Stärke raubt." Marsigli wußte also bereits um die Eigenschaften der Kaffee-Aromastoffe Bescheid.

Wie der Kaffee nach Wien kam

Kaffee, Kaffee!
Edelster Trank aus dem Osten.
Kaffee, Kaffee!
Selig sind die, die dich kosten ...

Hans Weigel

Erste Belagerung Wiens durch die Türken

Im Jahre 1527 begann man mit dem Bau der Stadtmauer. Noch ehe die Befestigungswerke der Stadt fertig waren, schloß Sultan Suleiman II. mit etwa 120.000 Mann Wien ein. Die Belagerung dauerte vom 25. September bis zum 14. Oktober 1529. Dem Riesenheer standen innerhalb der Festung lediglich 21.000 Mann, davon 5.000 Bürger, gegenüber. Die Vororte Wiens wurden von den Verteidigern der Stadt niedergebrannt. Oberbefehlshaber der Festung war Niklas Graf von Salm, ihm stand der Freiherr Wilhelm von Roggendorf zur Seite.
Am 15. Oktober gab Sultan Suleiman II. die Belagerung wegen zu hoher Verluste, andauernden Schlechtwetters und Krankheiten innerhalb seiner Truppe auf. Der heldenmütige Verteidiger von Wien, Graf Salm, starb am 4. Mai 1530 an den Folgen der erlittenen Verletzungen. Die Türken zu verfolgen war wegen der Schwäche des Reiches und der österreichischen Länder unter Ferdinand I. unmöglich, trotzdem konnten die Städte Raab, Komorn, Gran, Ödenburg und Türnau in West- und Nordwestungarn von kaiserlichen Truppen besetzt werden.

Am 24. Februar 1530 wird Ferdinands Bruder Karl V. in Bologna von Papst Clemens VII. zum Kaiser gekrönt. Es war dies die letzte von einem Papst vorgenommene Kaiserkrönung.

Am 20. Dezember 1857 verfügte Kaiser Franz Joseph I. die Schleifung der Wiener Stadtbefestigung. Die Mauer hatte genau 328 Jahre gestanden, um die Wiener vor Feinden zu schützen. An ihrer Stelle errichtete man die Ringstraße, die 1865 eröffnet wurde.

Bauwerke an der Ringstraße

1869	Hofoper, die nach Plänen der Architekten Eduard van der Nüll und Siccard von Siccardsburg erbaut wurde
1870	Votivkirche von Johann Heinrich Ferstl
1871	Börse von Theophil Hansen
1872	die zwei Hofmuseen von Gottfried Semper und Carl Hasenauer
1883	Universität von Heinrich Ferstl
1883	Neues Rathaus von Friedrich Schmidt
1883	Parlament von Theophil Hansen
1888	Hofburgtheater von Carl Hasenauer

Zweite Belagerung Wiens durch die Türken

Die Zweite Türkenbelagerung dauerte vom 14. Juli bis zum 12. September 1683. Die Verteidigung Wiens stand unter der Leitung von Rüdiger Graf Starhemberg und Bürgermeister Andreas von Liebenberg, der jedoch die Befreiung seiner Stadt nicht mehr miterlebte, da er in der Nacht vom 9. zum 10. September einer Krankheit erlag.

Neben diesen beiden Männern wirkte verdienstvoll der Bischof von Wiener Neustadt, Leopold Graf Kolonitz. Die Besatzung der Stadt zählte, einschließlich der wehrhaften Bürgerschaft und der Studenten, etwa 16.000 Mann. Ihnen stand eine Belagerungsarmee von ungefähr 200.000 Türken gegenüber. Das kaiserliche Heer unter Herzog Karl V. von Lothringen konnte das nördliche Donauufer halten und damit eine völlige Einschließung Wiens verhindern. Außerdem wurden Angriffe Graf Thökölys bei Preßburg zurückgeschlagen. Der Kampf um Wien wur-

Stadtkommandant Ernst Rüdiger Graf Starhemberg verteidigte Wien bis zum Eintreffen des Entsatzheeres.

Die Entsatzschlacht vor Wien, Ölgemälde von Franz Geffels.

de von beiden Seiten mit größter Härte geführt, und es gelang den Türken erst Anfang September, einige Bastionen der in den Jahren 1656 bis 1672 verstärkten Festung einzunehmen.

Trotz des Ausbruchs von Seuchen und des Mangels an Munition und Lebensmitteln hielten die Wiener durch, so daß das Entsatzheer, das sich in Tulln gesammelt hatte, noch rechtzeitig eingreifen konnte. Am 11. September, im Augenblick der höchsten Not, traf die kaiserliche Armee mit ihren Verbündeten, 80.000 Mann, darunter 20.000 Polen, auf den Höhen nordwestlich der Stadt ein. Den Feldzug der Türken gegen Wien hatte Leopold I., der römisch-deutsche Kaiser, vorausgesehen. Ja, er war von seinen eigenen Gesandten aus Konstantinopel früh darüber unterrichtet worden. Trotzdem hatte der Kaiser gehofft, daß der Sultan so wie er den Krieg vermeiden wollte. Aber der ehrgeizige Wesir Kara Mustafa, dem seine Stellung am Hof des Sultans zu wenig war, riskierte den Krieg.

Der Kaiser flüchtete nach Linz. Er verhandelte mit den Fürsten des Römischen Reiches Deutscher Nation, mit den Ständen und mit dem König von Polen, um ein Heer zusammenzustellen, das den Türken gewachsen war. Wien, das man eilends befestigt hatte, wurde von der Riesenarmee des Kara Mustafa eingekreist und belagert.

Fast wäre schon am ersten Tag das Schicksal Wiens entschieden worden, weil in der Nähe des Arsenals eine Gasse in Brand geriet. Nur die Geistesgegenwart des Bürgermeisters Liebenberg und des Stadthauptmannes Starhemberg verhinderten eine Panik unter der Bevölkerung. In Laufgräben und mit Sprengungen unter und über der Erde rückten die Osmanen vor. Furchtbar waren die Leiden des Volkes. Keine Nacht ohne Feuersbrünste, keine Stunde ohne Bombardement, trotz der vielen Feinde, die vor den Wällen tot oder verwundet lagen. Wie der

Bürgermeister Liebenberg starb vor dem Ende der Zweiten Türkenbelagerung in der Nacht vom 9. zum 10. September 1683. Kupferstich von M. von Sommeren.

Halbmond am Himmel immer wiederkehrt, so erneuerte sich stets die halbmondförmige Schlachtordnung der Osmanen.

Der Juli war noch zu ertragen, im August jedoch füllte eine Ruhrepidemie die Spitäler Wiens. Mancher dachte an Übergabe. Wenn nicht ein Wunder geschah, war der Geist der Belagerten zu weiterem Widerstand nicht mehr fähig. Der Weg donauaufwärts gegen Linz wäre den Türken offengestanden. Passau und Regensburg wären gefallen, Bayern und Schwaben erobert worden. Wer kann sagen, ob nicht die Türken heute noch am Bodensee säßen? Für ein paar Jahrhunderte hätte die Geschichte Europas ganz sicherlich ein anderes Gesicht verliehen bekommen.

Georg Kolschitzky, ein gebürtiger Pole, lebte zu dieser Zeit im eingeschlossenen Wien. Er sah das Elend und die von Ruhrkranken überfüllten Spitäler. Er spürte, daß diese Stadt nur dann noch Widerstand leisten konnte, wenn ihre Verteidiger einen Hoffnungsschimmer sähen; bereits die geringste Aussicht auf Hilfe würde genügen, um den Verteidigern wieder neue Kraft zu geben. Im Grunde genommen

wußten das alle. Nur blieb es eben Georg Kolschitzky vorbehalten, etwas zu tun.

Kolschitzky bot sich an, mit seinem Diener Michalowitz, vermummt in türkische Kleidung, eine Depesche über die kritische Situation der Stadt durch den Ring der Belagerer zum Führer des Entsatzheeres, dem Herzog von Lothringen, zu bringen. Es war der 13. August, als sich die beiden aus der Stadt hinaus und zwischen den türkischen Zelten hindurch schlichen. Obwohl es heftig regnete, sang Kolschitzky in türkischer Sprache. Vor dem Zelt eines vornehmen Agas blieb er wie zufällig stehen. Der Aga, ein frommer, mildtätiger Mann, trat aus seinem Zelt heraus, bedauerte die beiden Landsleute wegen ihrer durchnäßten Kleidung und fragte, wohin sie

Georg Kolschitzky – Schlüsselfigur während der Zweiten Türkenbelagerung und legendärer Ahnherr des Wiener Kaffeehauses.

denn wollten. Sie sagten, sie möchten lediglich vor die Westseite des Lagers hinausgehen, wo die Städter Weinberge besäßen, um dort von den reifen Trauben zu essen. Der Aga warnte sie vor diesen Früchten und vor allem vor den Bauern – diese seien gewalttätige Christen, die jeden Muselmann abschlachten würden. Er ließ ihnen reichlich *Kaweh* servieren, der Allah wohlgefälliger wäre als das Traubengewächs der Christen. Dann ließ er sie auf ihre Bitte hin aus dem Westtor des Lagers führen. Ja, sie wirkten so echt mit ihren Pluderhosen und Turbanen, daß sie von der Vorhut der österreichischen Linie für Türken gehalten wurden. Beinahe wäre das Unternehmen durch die Kugeln der eigenen Leute vereitelt worden. Nur mit Mühe konnten sie sich zu erkennen geben und erreichten schließlich am 15. August wohlbehalten das Lager des Herzogs von Lothringen.

Kolschitzky und Michalowitz übergaben die Depesche aus dem belagerten Wien, nahmen sich kaum Zeit zur Labung und machten sich alsbald auf den Rückweg. Drei Tage später überbrachten sie Graf Starhemberg die Antwort des Herzogs von Lothringen mit der Kunde von der baldigen Hilfe für Wien. Man vernahm, daß die Vorhut des polnischen Entsatzheeres unter König Johann Sobieski bereits die Donau abwärts ziehe und sich in Kürze mit den lothringischen Truppen vereinigen werde, um die Türken von der Flanke her anzugreifen. Wien konnte wieder hoffen, und obwohl es noch nahezu vier Wochen dauern sollte, bis das Entsatzheer tatsächlich eintraf, wurden diese Tage der Not und Entbehrung erleichtert allein durch den Glauben an die nahende Hilfe.

Dann kam der 12. September 1683. Ein Tag, der unvergeßlich bleiben sollte. Das Entsatzheer trat zum Angriff an. Als die lothringischen und polnischen Truppen von den Höhen des Kahlenberges in die Wiener Ebene hinuntersahen, drohte ihnen das Herz zu stocken. So weit das Auge reichte, reihte sich Zelt an Zelt. Unübersehbar war das Lager der Türken, und so mancher tapfere, christliche Krieger mag sich bei diesem Anblick bekreuzigt haben. Aus Hunderten von Kanonen blitzte es, und es schien, als wäre Wien ein einziges Rauch- und Flammenmeer. Allein der Gedanke an die heldenhaften Verteidiger innerhalb der Stadtmauern trieb das Entsatzheer an, und es entwickelte sich eine unbarmherzige Schlacht. In den Weinbergen zwischen Sievering und der Donau trafen die feindlichen Heere aufeinander. Während die Polen anfangs schwer zu kämpfen hatten und auf starken Widerstand stießen, rissen die Truppen des Herzogs von Lothringen die Flanken auf und trieben den Feind zurück. Lauter Jubel erscholl und pflanzte sich fort von einem Kürassier zum anderen. Das Unfaßbare war geschehen. Die Übermacht der Türken war ins Wanken geraten, und selbst der Anblick der heiligen grünen Fahne des Propheten konnte das Glück nicht mehr zugunsten der Türken wenden. In wilder Flucht stob das Heer der Osmanen nach Osten davon. Wien war befreit.

Vom 9. bis zum 25. Oktober 1683 verfolgten die kaiserlichen Truppen die nach Ungarn abziehenden Türken, besiegten sie bei Parkany und eroberten Gran. Aus dem Verteidigungskrieg entwickelte sich nun ein Angriffskrieg, der zur Eroberung Ungarns und Siebenbürgens durch Österreich führte. Am 31. März 1684 schloß Kaiser Leopold I. mit dem Papst, Polen und Venedig die Heilige Liga gegen die Osmanen. Auch die Kuruzzen stellten sich nunmehr auf die Seite des Kaisers.

Geschichtsforschung und Geschichtsschreibung werden bei der Beschäftigung mit jener bewegten und großen Epoche österreichischer Geschichte, die ihren Ausgang von der Befreiungsschlacht im Jahre 1683 nahm, immer wieder durch die Persönlichkeit des Prinzen Eugen von Savoyen gefesselt. Ein merkwürdiges Schicksal schenkte damals dem Hause Habsburg, dessen Kaiser noch immer die Ordnungsideen des Heiligen Römischen Reiches ebenso verkörperte, wie

er aus der Eigengesetzlichkeit seiner Hausmacht längst in die Weltpolitik und deren verschlungene Fehden eingegriffen hatte, seinen „Retter", jenen landlosen Prinzen aus edelster europäischer Fürstenfamilie. Aus dem Dunkel einer unbekannten Existenz in das Licht der Geschichte tritt Prinz Eugen das erste Mal am Ende seines zweiten Lebensjahrzehnts. Als sich 1683 die kaiserlichen Heere anschickten, zum Entsatz von Wien zu marschieren, verließ Eugen sein Vaterland Frankreich und stellte sich Kaiser Leopold I. zur Verfügung. Man hat diesen Entschluß Eugens oft damit zu erklären versucht, daß er von König Ludwig XIV. erniedrigend behandelt worden wäre. Der König hat ihm, dem fünften Sohn

Prinz Eugen von Savoyen kämpfte als Freiwilliger im kaiserlichen Entsatzheer. Ölgemälde von Johann Gottfried Auerbach, um 1728.

der Olympia von Mancini und des Herzogs Eugen Moritz von Savoyen-Carignan, den Dienst in der französischen Armee wegen seines kleinen Wuchses und seines unansehnlichen Äußeren verweigert. Die Jugend des Prinzen war freudlos gewesen, obwohl seine Mutter, einstmals Jugendfreundin von Ludwig XIV., eine hervorragende Stellung am glänzenden Hof zu Paris hatte. Im Heer der Alliierten sah er als Freiwilliger vom Kahlenberg aus zum ersten Mal Wien, die Stadt, die ihm Jahre hindurch zum Schicksal und nach langem Wandern zur Heimat werden sollte.

Der wundersame Nachlaß der Türken

Nach wochenlanger Belagerung öffneten sich die Stadttore wieder. Zum Jubeln hatten viele kaum mehr die Kraft. Wien betete. Vielleicht schloß so mancher Georg Kolschitzky in sein Gebet ein. Ein denkwürdiges Datum in der europäischen Geschichte. Wien und damit wahrscheinlich auch Europa, das Abendland, waren gerettet. Reicher Lohn bot sich den Siegern. Ein Lager mit unermeßlichen Schätzen fiel ihnen in die Hände. Nun hatten Not und Entbehrung ein Ende – die reich gefüllten Verpflegungslager der Türken waren eine willkommene Beute. Über 20.000 Zelte zählte man, Tausende von Tieren wie Ochsen, Kamele, Maultiere, Schafe und Tausende Säcke voll Getreide und Reis. Unübersehbar waren die Töpfe voll mit herrlichsten orientalischen Gewürzen. Vieles sahen die Bürger von Wien zum ersten Mal. Exotische Tiere und so mancher Topf oder Sack, gefüllt mit Dingen, deren Verwendungszweck völlig unbekannt war.

Unter den Kostbarkeiten fand man auch zahlreiche Säcke mit Bohnen, die den hierzulande bekannten wenig ähnelten. Was der Wiener nicht kennt, ißt er nicht! Dieses Sprichwort galt schon damals. Also war der Inhalt jener Säcke höchstens als Viehfutter zu verwenden, doch auch davon hatte man in Hülle und Fülle. Man war also froh, als Georg Kolschitzky diese Säcke als Belohnung für seine Kurierdienste erbat. Sicher, er hatte wohl Geld, das Bürgerrecht und auch den Freibrief zur Ausübung eines Gewerbes erhalten – aber wer wollte dem tapferen Polen diese Bitte abschlagen. Ja, manche lachten sogar darüber, daß er sich dieses nutzlose Zeug aussuchte. Kolschitzky aber wußte, welchen Schatz er damit in Händen hatte. Er war lange genug im Orient gewesen, um die Verwendung der Kaffeebohnen zu kennen und seine Gedanken gingen schon weiter – er dachte an seinen Freibrief zur Ausübung eines Gewerbes. Er bekam die Säcke, und somit fällt in das Jahr 1683, neben der erfolgreichen Abwehr der türkischen Heerscharen, auch die Gründung des ersten Wiener Kaffeehauses. – Soweit die Überlieferung.

Im Spannungsfeld zwischen dieser „Geschichte" und der Geschichtsschreibung ist nie völlige Klarheit geschaffen worden. Und wird es wahrscheinlich auch nie werden. Spricht die trockene Geschichtsschreibung von mehreren Männern, vorwiegend Armeniern und Griechen, denen als Belohnung für kaiserliche Dienste das Recht zum Ausschank von Kaffee erteilt wurde, so hält sich der Volksmund doch lieber an die Geschichte von Georg Kolschitzky. Fest steht, daß die Wiener von der Existenz der Kaffeebohnen bis zu jener Zeit nichts wußten und daher auch bei der Verteilung derselben als Beutegut recht großzügig waren. Man ahnte damals noch nicht, welche Zauberkraft von diesen Bohnen ausging. Die erwähnten Armenier und Griechen, allen voran ein gewisser Theodat, der laut Aufzeichnungen der erste Wiener Kaffeesieder gewesen sein soll, oder auch Georg Kolschitzky, ganz wie Sie wollen, wußten um die Beliebtheit des schwarzen Getränks im Orient und ihr geschäftlicher Weitblick sollte sie nicht täuschen. Vielleicht ist eine Schale Kaffee in Zukunft noch reizvoller, wenn man beim Genuß dieser daran denkt, daß man ihre Bekanntschaft eigentlich der Spähertätigkeit eines ebenso tapferen wie geschäftstüchtigen Polen verdankt.

Die Kreation der Wiener Melange

Venedig, London, Marseille und selbstverständlich Konstantinopel kannten das Kaffeehaus schon viel früher. Es ist also keine Wiener Erfindung. Allerdings hat das „Wiener Kaffeehaus" später vielfach seine Vorgänger übertroffen und wurde weltweit bekannt. Noch dazu, wo der Reiz des Neuen dazu kam und man als Sieger gleichsam Beutegut konsumierte. Die ersten Kaffeeschenken waren, um es genauer zu bezeichnen, eher „Kaffeekatakomben", die, nur mit dem Allernotwendigsten ausgerüstet, die Leute mit einem offenen Feuer vor der Türe und türkischen Emblemen an der Hausmauer zum Genuß des orientalischen Getränkes einluden. In vergleichbarer Weise lockt heute ein grüner Buschen zum Besuch eines Heurigen. Es hat sich also am Prinzip der Kundenwerbung seit der Türkenbelagerung nicht viel geändert. Allerdings, geschmeckt hat es den Wienern nicht, dieses neue Getränk. Aber wer wagt es schon, sich eine gesellschaftliche Blöße zu geben, wenn es sich um etwas Neues handelt? Man machte gute Miene zum bösen Spiel, zog aber doch insgeheim den Wein vor. Seitdem Kaiser Probus mit seinen römischen Legionen die Weinrebe an die Donau gebracht hatte, waren die Wiener mit dem Saft aus den Trauben befreundet. Wien und den Wein konnte man schon damals besingen.

Doch gerade im Jahre 1683 fiel die Weinernte sehr schlecht aus. Hatten doch die Janitscharen die Weingärten an den Hängen rund um Wien total verwüstet. Trotzdem – ein Ersatz für den wohlschmeckenden Rebensaft war dieser Kaffee beileibe nicht.

Dem guten Kolschitzky wird eine weitere Pioniertat zugeschrieben. Er war ein guter Geschäftsmann. Wollte er seinen Kaffee an den Mann

Orientalischer Kaffeeverkäufer in den Straßen von Smyrna um 1820. Stich von B. Tatikian.

bringen, so mußte er ihn dem verwöhnten Wiener Gaumen schmackhaft machen. Es galt, aus dem „türkischen" einen „wienerischen Kaffee" zu machen. Wahrscheinlich hätte so mancher Türke den Kopf geschüttelt, hätte er die abendländische Verfeinerung seines geliebten Getränks mitangesehen. Gerade der Kaffeesatz war nach Ansicht der Türken das köstlichste. Und gerade diesen Kaffeesatz ließ Kolschitzky völlig außer acht. Er nahm allein die abgeseihte braune Flüssigkeit, die nach dem Kochen der Bohnen übrigblieb, und experimentierte, um sie zu veredeln, d. h. dem Wiener Geschmack entsprechend zu verändern.

Kolschitzky fand die geeigneten Zusätze: Sirup und Milch. Er hatte jene Mischung gefunden, die dem Wiener Gaumen bekam. Die Geburtsstunde der Wiener Melange hatte geschlagen.

War das Kaffeehaus eindeutig keine Wiener Erfindung, die Melange war es. Sie war so recht nach dem Geschmack der Wiener. So wie in anderen Städten, in denen Kaffeehäuser schon länger bekannt waren, gehörte es nun auch in Wien bald zum guten Ton, ab und an ein solches aufzusuchen.

Nun ist und war der Wiener nie einer, der schnell wieder geht. Er wollte nicht nur eine Schale Kaffee trinken und dann das Lokal wieder verlassen. Nein, er suchte vielmehr einen Grund, um länger verweilen zu können. Besonders geschäftüchtige Kaffeesieder ließen sich etwas einfallen zur weiteren Etablierung des Wiener Kaffeehauses: Sie legten gedruckte Nachrichten aus aller Welt für die Gäste auf. Das „Zeitungs-Kaffeehaus" war erfunden. Welch eine Novität für die damalige Zeit, bei einer Schale Kaffee Nachrichten zu lesen, wenngleich diese oft schon Wochen veraltet waren. Das *Wiener Diarium,* die erste Kaffeehauszeitung, war wie die Lokale selbst vorerst recht primitiv.

Die Anfänge des Kaffeesiederwesens

Nachkriegszeiten waren immer ein Boden für allerlei undurchsichtige Geschäfte. Kein Wunder also, daß auch bei dem neu entstandenen Gewerbe der Kaffeesieder nicht alles so war, wie es sein sollte. Die eigentlichen Kaffeesieder, es gab nach dem Tode Kolschitzkys nur vier, fochten einen Kampf gegen den unlauteren Wettbewerb der „Wasserbrenner". Ein Wasserbrenner durfte auf dem Brennwege (Destillation) „Flüssiges" erzeugen, und meist spezialisierte er sich auf Schnaps. Als sie erkannten, daß auch mit der schwarzen Flüssigkeit, dem Kaffee, gute Geschäfte zu machen waren, streckten die Wasserbrenner ihre Hände begierig nach diesem Geschäft aus. Es bestand

Österreichische Kaffeesieder-Zeitung

Offizielles Organ des Gremiums der Kaffeehausbesitzer in Wien.

Erscheint am 1. und 15. jeden Monats.

Pressekomitee: Egkher, Aldor, Lebmann, Demerer.

Redaktion und Administration in der Gremialkanzlei:
Wien, VIII., Josefstädterstraße 9.
Telephon Nr. A-28-304.

Jahresabonnement 6 S.
Einzelne Nummer 30 G.
Nachzahlungen bei Preis-
erhöhungen vorbehalten!
Postsparkassen-Konto 104.987

Die Zeitung wird jedem Gremialmitglied kostenlos zugesandt.
Entgeltliche Anzeigen und Texte sind mit E als solche bezeichnet.
Nachdruck bei genauer Quellenangabe erwünscht.

Alleinige Inseratenannahme
durch die Annoncenexpedition
Oscar Mayer, Wien I.,
Brāunerstraße 10, Tel. R-29-4-57
und die Administration des Blattes.

Herausgeber: DAS GREMIUM DER KAFFEEHAUSBESITZER IN WIEN.

23. Jahrgang.   Wien, 1. Jänner 1932   Nummer 1.

Jahresumlage 1932.

Im Sinne des Beschlusses der Gremialversammlung vom 9. Dezember 1931 gelangen für das Jahr 1932 die Umlagen in der gleichen Höhe wie im vorigen Jahre zur Vorschreibung. Wir machen die P. T. Mitglieder aufmerksam, daß diese Umlagen bis längstens 29. Februar 1932 eingezahlt sein müssen, da sonst eine Erhöhung um 10 Prozent eintritt und die Einhebung im Wege der Verwaltungsbehörde durchgeführt wird. Gleichzeitig bringen wir folgendes zur Kenntnis: Die Vorschreibung der Angestelltenzahl erfolgt gemäß Gremialstatut nach dem Stande vom 1. Jänner 1932 und sind die entfallenden Umlagen auch nach diesem Stande zu entrichten. Selbständige Abänderungen sind nicht gestattet und können Reklamationen nur unter gleichzeitiger Vorlage des Krankenkassenausweises vom Dezember 1931 vorgebracht werden.

Verpächter haben, da sie als Konzessionsinhaber in weiter Mitglied des Gremiums bleiben, gemäß Genossenschaftsstatut ebenfalls die Umlage zu leisten, jedoch gelangt für Verpächter nur die Grundgebühr von S 50.— zur Vorschreibung.

Neuen Mut im Neuen Jahre!

Ein Jahr der entsetzlichen Wirtschaftsnot ist zu Ende gegangen. Es wäre ein kühnes Unterfangen, wollte man diesmal an der Jahreswende einen Ausblick halten oder einen Rückblick in die Vergangenheit tun. Wir sind froh, daß dieses Jahr vorüber ist, vielleicht genau so froh können wir sein, daß wir ins neue Jahr eintreten, nicht wissen, was uns dieses bringen wird. Die Schleier, die über der Zukunft liegen, sind der Menschheit zum Heile!

Wir sehen nirgends einen Hoffnungsschimmer und einen Weg, der uns aus der Finsternis unserer Tage herausführen könnte, schlimm wäre es aber um uns bestellt, wenn wir darüber den Mut und das Vertrauen verlieren, wenn wir uns sagen wollten, daß es einen solchen Weg überhaupt nicht gibt. Unsere Zeit ist jener der Kriegs- und ersten Nachkriegsjahre vergleichbar. Wie damals war's oberstes Gebot aller Wirtschaftskreise in unserem Lande sein, durchzuhalten und mutig dem Schicksal zu trotzen, das uns so übel mitspielt. Auch damals waren wir von Gefahren rings umgeben, auch damals schien es kein Ende der Schrecken zu geben, und dennoch brach wiederum die Morgenröte einer ruhigeren und besseren Zeit herein. Freilich dürfen wir die Hände nicht ruhig in den Schoß legen und warten, bis wieder schönere Tage kommen. Alle Kräfte, die in unserem Volke und in unserer Staatsgemeinschaft schlummern, müssen wachgerufen werden, und wenn uns auch kaum das neue Jahr eine Linderung der allgemeinen Krise bringen wird, so dürfen wir dennoch nicht den Mut und die Hoffnung verlieren, daß alle Not einmal ein Ende nehmen muß, daß auf jedes Wellental der Wirtschaftskonjunktur der Wellenberg folgen muß. Das ist es, was wir im neuen Jahre überreichlich brauchen werden, den Mut, der Zeit, in der wir leben, durch das Unglück gestärkt, entgegenzutreten. Den Mut, den viele leider sinken lassen wollen, mit dem festen Vorsatz, unter Hintansetzung alles Persönlichen und Trennenden an dem Wiederaufbau unserer zerrütteten Wirtschaft zu schreiten. Lassen wir uns durch nichts beirren! Mit neuem Mute müssen wir ins neue Jahr eintreten und den Kampf aufnehmen mit den Dingen, die da kommen werden!

Hallo! Hallo! Bitte Berlin, Kurfürst 5763, Kollationierung!

Interurbane Ferngespräche vom Kaffeehaus aus.
Eine wichtige Neuerung über Intervention der Gremialvorstehung.

Als vor einem Jahre mit Rücksicht auf internationale Vereinbarungen auch die Generaldirektion für die Post- und Telegraphenverwaltung verfügte, daß von jeder Teilnehmerstelle aus Ueberland-Ferngespräche geführt werden können, waren sich das Gremium und die meisten seiner Mitglieder darüber im klaren, daß diese Neueinführung einen Fortschritt nur für einen Teil der Interessenten bedeutet. Für den Kaffeehausgast ist es zweifellos eine Annehmlichkeit, wenn er im Kaffeehause bei irgendeiner Erfrischung, beim Zeitunglesen oder während des Kiebitzens an einem Spieltisch auf die von ihm gewünschte interurbane Verbindung warten kann. Für die Kaffeehausbesitzer haben sich daraus aber verschiedene neue geschäftliche Sorgen und Unannehmlichkeiten ergeben. Sie mußten bald die traurige Erfahrung machen, daß gewisse Gäste die Neueinführung dazu benützten, um von den Kaffeehaustelephonen aus gratis, das heißt, auf Kosten der Lokalbesitzer, alle möglichen kostspieligen Blitzgespräche zu führen. Erfahrung hat auch in dieser Beziehung klug gemacht und eine verschärfte Ueberwachung der Kaffeehaustelephone und interurbane Gespräche hat der Mißbrauch, der da getrieben worden ist, ziemlich eingeschränkt worden. Es wurden besondere technische Einrichtungen getroffen, um den Blitzern das Handwerk zu legen, und alle Mitglieder unseres Gremiums sind auch zu wiederholtenmalen darauf aufmerksam gemacht worden, daß sich einen Schaden, der ihnen durch Nachlässigkeit in der Ueberwachung der Telephone und in der Kontrolle der Ueberlandgespräche entsteht, selbst zuschreiben müssen. Die Klagen sind in dieser Beziehung zwar ziemlich verstummt. Dafür sind andere Unannehmlichkeiten zu Tage getreten.

Zahlreiche Gremialmitglieder führen darüber Beschwerde, daß ihnen seitens der Ueberland-Fernamtes die Gebühren zu spät bekanntgegeben werden, die für ein vom Kaffeehaustelephon aus geführtes interurbanes Gespräch zu entrichten sind.

In einigen Fällen soll es, wie in der letzten Gremialversammlung ein Mitglied öffentlich ausgeführt hat, stundenlang gedauert haben, bis das betreffende Kaffeehaus darüber informiert war, was für die Telephongespräch zu bezahlen war. So lange wartet natürlich kein Gast, und nicht jeder, der von einem Kaffeehause aus telephoniert, muß dort gerade gut bekannt oder gar Stammgast sein, so daß man in einem solchen Falle die Verrechnung einfach auf den nächsten Kaffeehausbesuch verschieben könnte. Dann kommt es zu unliebsamen Auseinandersetzungen mit dem betreffenden Gast, und den Schaden davon muß der Kaffeehausbesitzer tragen, gegen den sich die ganze Ungeduld und Gereiztheit austobt.

Die Gremialvorstehung hat die diesbezüglichen Beschwerden der Generaldirektion für die Post- u. Telegraphenverwaltung unterbreitet und hat mit dieser Unterhandlungen eingeleitet, wobei sie bei einem großen größte Entgegenkommen gefunden hat. Der Vorstehung schwebte bei ihrer Intervention die Tatsache vor Augen, daß man in Hamburg, das gewiß auch einen starken Ueberlandverkehr zu bewältigen hat, beispielsweise sogleich nach Beendigung eines interurbanen Ferngespräches von der Zentrale über die Höhe der dafür zu entrichtenden Gebühr unterrichtet wird. Leider aber sind die technischen Einrichtungen in Wien ganz andere als in Hamburg, so daß der dortige Vorgang auf die Wiener Verhältnisse nicht übertragen werden kann. Die Ueberlandzentrale von Wien ist ein besonders stark in Anspruch genommenes Zentrum in internationalen Telephonverkehr. Daraus ergeben sich mit Rücksicht auf die Verschiedenartigkeit und die ständigen Veränderungen der diversen Tarife der Nachbarstaaten und der ferneren Länder

große Komplikationen in der Gebührenberechnung, so daß unmöglich jene Stelle, welche die Gesprächsverbindung herstellen muß, auch die Sprechgebühr berechnen kann.

Eine Abordnung des Gremiums hatte unter der

daher die Gefahr, daß sich die Abgrenzungen, wer wozu berechtigt sei, zu sehr verwässerten.

Gegen die Wasserbrenner standen also die vier Kaffeesieder Issak de Luca, Rudolf Perg, Andreas Pein und Stephan Devich. Ihrem hartnäckigen Kampf war schließlich ein Erfolg beschieden. Am 16. Juli des Jahres 1700 brachte Kaiser Leopold I. Ordnung in das Kaffeesiedergewerbe, indem er folgendes bestimmte: „Wir, Leopold, von Gottes Gnaden erwählter Römischer Kaiser und Herr zu allen Zeiten, Mehrer des Reiches; in Germanien, Ungarn, Böheim, Dalmatien, Kroatien, Slawonien König; Erzherzog zu Österreich, Herzog zu Burgund und Steier, Kärnten, Krain und Württemberg, sowie gefürsteter Graf von Tyrol, bekennen öffentlich in diesem Briefe und tuen kund allermenniglich, daß die vier Kaffeesieder Issak de Luca, Rudolf Perg, Andreas Pein und Stefan Devich allergehorsamst vernehmen ließen, daß Bürgermeister und Rat der Stadt Wien ihnen die Erlaubnis gaben ihr Gewerbe mit Kaffee zu führen und öffentliche Gewölbe zu halten, ihnen die Befugnis gaben. Zumalen aber seit hero ihrer noch irgendeiner dazu kommen möchte und sie also besorgten, daß in Ermangelung unserer allergnädigsten Konfirmation mit der Zeit sogar noch mehrere kämen, folglich durch künftige Überhäufung sie samt ihrem Gewerbe zu verderben und elendiglich zugrund gehen möchten. Dannhero zur Vermeidung dessen, auch Fortpflanz und Erhaltung der Mannszucht, Frömmigkeit und Ehrbarkeit erteilt die Majestät diesen Vieren ihre Konzession allein."

Somit war die Wiener Kaffeesiederinnung gegründet. Lange allerdings konnten sich die vier Ahnherren der Kaffeehauszunft ihrer Monopolstellung nicht erfreuen. Der Wiener war auf den Geschmack gekommen. Er wollte Kaffee trinken und mußte feststellen, daß es zu wenige Kaffeehäuser gab. Das Privilegium wurde schließlich weiteren sieben Kaffeesiedern erteilt.

Der Peyrerturm

Für so manchen gehört zum Kaffee ein Kipfel, wienerisch „Kipferl" genannt. Die Form dieses Gebäcks diente zum Anlaß, seine Erfindung mit der Zweiten Türkenbelagerung (1683) zu assoziieren. Einige behaupteten, das „Kipferl" wäre zum Spott auf den türkischen Halbmond kreiert worden.

Populärer als das Kipfel ist heute vielleicht der Krapfen. In der Wiener Lokalliteratur wird behauptet, daß der Peyrerturm seine Geburtsstätte sei. Seinen Namen soll er der Mandolettibäckerin Cäcilie Krapf verdan-

Der Enthusiasmus, mit dem Mitte des 19. Jh.s mit einer Kaffeemaschine experimentiert wurde, bot auch Stoff für Karikaturisten.

Auszug aus der Konzession für die ersten Wiener Kaffeesieder (um 1700)

1. Erstlich sollen jene vier anjetzo befreyten Kaffeesieder wie auch Ihre Nachkhomben sich gütlich untereinander verstehen. Keiner sollte dem anderen die Ware verschimpfen oder Kunden seinem Herrn Bruder abwendig machen, noch gar die Bedienten an sich lockhen ohne Abschied des vorigen Herrns, bei dem er im Gewölbe bedient hat.

2. Dieweil in den Bruderschaften ehrbarer Wandel das Ziel sein müsse, müsse ein Jeder, der beim Tode eines der vier ins Gewerbe wolle, den anderen Privilegienbesitzern geeignete Papiere vorweisen.

3. Es dürfe keiner der Vier bei Verlust bürgerlicher Freiheit sich unterfangen übler Gesellschaft, Karten und anderen großen Spielern bei nächtlicher Weil Unterhaltung zu geben.

4. Es sollen jene vier Bürger den ganzen Tag Kaffee kochen dürfen, nicht also bloß etwa während der Marktzeit.

5. Sobald ein Fremder, er sei gleich Bürger oder nicht, auch Kaffee sieden und brennen wollte und dann die gekochten Waren verkaufen, sollen die obgedachten Vier seine Waren beschlagnahmen lassen.

6. Es soll das Privileg an die Wittib des Privilegierten oder den ältesten Sohn übergehen.

Lehrbrief von 1897, mit dem der Lehrling von seinem Meister „freigesprochen" wurde und nunmehr „Kaffee-Gehilfe" war.

ken, die hier unter dem Torbogen des Turmes um 1690 ihren Laden hatte und jene Köstlichkeit erfand, die von hier aus als „Wiener Krapfen" ihren Siegeszug um die Welt startete.

Der Peyrerturm taucht in den Urkunden auch unter ähnlich lautenden Namen wie Peiler-, Pailer-, Peuler- oder Bairerturm auf. Die Benennung Peyrerturm hielt sich bis ins 16. Jahrhundert, wo sie im Volksmund in „Beilertor" überging. Dies wiederum gab Anlaß zu dem Irrtum, den Namen auf die in der angrenzenden Bognergasse ansässigen Bogner und Pfeilstifter zurückzuführen. Nach alter Sitte hatten nämlich die Bogner und Pfeilschützen den Turm bis zum Jahre 1361 zu bewachen. Der „Schwarze Tod" hatte im 14. Jahrhundert große Lücken in die Mannschaft der Stadtwache gerissen, weswegen Herzog Rudolf der Stifter im Jahre 1361 die Verpflichtung zur Bewachung der Stadttore allen Bürgern ohne Ausnahme auferlegte. Eine zuverlässige Erklärung für die Herkunft des Namens gibt es bislang nicht.

Das Tor des Turmes war ursprünglich ein Außentor gegen Südwesten der 1137 bis St. Peter reichenden Stadt. Bei der um 1200 erfolgten

Italienischer Glastrommelröster aus dem Jahre 1800; über die Kurbelvorrichtung wurden die Bohnen ständig in Bewegung gehalten.

Stadterweiterung kam der Turm innerhalb der Stadtmauer zu liegen. Damit hatte er seine Bedeutung verloren. Der Turm, der sich über dem Tor erhob, war fortan nur mehr einer der vielen Wehr- und Streittürme der Stadt. 1385 ist im Buch der Käufer zu lesen: „Der Rat der Stadt zu Wien gmeinlich haben im vereinten Rat belassen einen Turm genannt das Peyrertor Eberharten den Ätzen Ätzenfelder und seinen Erben all Jahr ump 2 Pfund Wiener Pfeng Hofzins auf ein Widerrufen 1385." Am 26. September 1386 wird diese Überlassung durch den Rat der Stadt Wien an Eberharter, dem Chastner von Stecz, unter den gleichen Bedingungen bestätigt.

Im Laufe des 15. Jahrhunderts wurde der Turm baufällig. Der Stadtrat ließ ihn im Jahre 1426 umbauen. 1565 wurde er zu einem bürgerlichen Gefängnis umfunktioniert. 1624 wurden Turm und Tor von Grund auf renoviert, wobei an Bartleme Hueber, Bürger und Maler, „um willen den Zeilerturm renoviert und mit einer Zier übermalen hat", 220 Gulden gezahlt wurden.

Kaffee in der Medizin

Forschung

Seit wann die Welt den Kaffee kennt, läßt sich nicht genau eruieren. In der arabischen medizinischen Literatur findet man Hinweise, wonach der Kaffee bereits im 10. Jahrhundert als Medikament verwendet wurde. Zum Volksgetränk wurde er aber auch in der islamischen Welt erst später, also nicht vor dem 15. Jahrhundert.

1582 berichtete der deutsche Botaniker Leonhard Rauwolf (1540–1596) über seine Begegnung mit Kaffee. In Österreich regierte in dieser Zeit Kaiser Rudolf II. Seine ganze Liebe galt der Kunst und den Wissenschaften. Er war der Begründer der weltbekannten Prager Kunstkammer. Rauwolf bereiste den Nahen und Mittleren Osten und schrieb, daß ihm ein heißes schwarzes Getränk aufgefallen sei, welches die Türken und Araber genossen; in Mittel- und Nordeuropa spielte der Alkohol eine dominierende Rolle. Vor der Einführung der Kartoffel war Bier neben Brot das Hauptnahrungsmittel der Bevölkerung. Manche ernährten sich mehr von Bier als von anderem – es waren dies nicht einzelne extreme Säufer, sondern Durchschnittsmenschen.

Der Chemiker Friedrich Ferdinand Runge (1795–1867) entdeckte 1820 – wie schon zuvor Anilin und Phenol – das Coffein. Johann Wolfgang von Goethe hat sich in Weimar von Runge chemische Versuche vorführen lassen und schenkte ihm zum Dank dafür ein Kästchen mit Kaffeebohnen, damals nichts Alltägliches. Jener begann daraufhin, die Zusammensetzung des Kaffees zu ergründen und fand ein Alkaloid, das heute als Coffein allgemein bekannt ist.

Coffein

Coffein wirkt in den üblichen Dosen (etwa 0,1 Gramm) anregend auf das Zentralnervensystem bzw. die Großhirnrinde (klarer Gedankenfluß, schnellere Assoziationsfähigkeit, Verzögerung oder Unterdrückung des Müdigkeitsgefühls). Es erweitert die Herzkranzgefäße, wirkt auf das Atem- und Gefäßzentrum im verlängerten Rückenmark, ferner positiv *inotrop* (die Herzkontraktion beeinflußend) und positiv *chromotrop* auf das Herz und schließlich harntreibend. Ein Zuviel an Coffein führt zu Unruhe, Gedankenflucht, Schweißausbrüchen, Schlaflosigkeit, Muskelzittern. Die Aufnahme extrem hoher Dosen äußert sich in Krämpfen. Die tödliche Dosis liegt für Erwachsene bei etwa 11 Gramm. Bei der Entcoffeinierung werden einem Kilogramm Kaffee ca. 12 Gramm Coffein entzogen.

Namhafte Ärzte über den Kaffee

Medizinalrat Prof. Dr. Karl von Noorden: „Ich selbst äußerte mich mehrfach dahin, daß die Coffeinfurcht oftmals übertrieben wurde und daß bescheidener Coffeingenuß nicht grundsätzlich und allgemein gültig als schädlich gelten dürfe."

Kim Painter schreibt in *USA Today*: „Frauen, die ihren Morgenkaffee als Lebensretter betrachten, haben vielleicht sogar recht. Eine neue Studie weist darauf hin, daß diejenigen, die mindestens 2 Tassen täglich trinken, weniger zu Selbstmord neigen oder in tödliche Verkehrsunfälle verwickelt sind."

Dr. Ichiro Kawachi von der Havard Medical School sagt, daß er und seine Kollegen ursprünglich erwarteten, die These der älteren Studie – Kaffeekonsum reduziert Selbstmordneigung – widerlegen zu können. Das Forscherteam mußten jedoch eine niedrigere Suizidrate sowohl bei männlichen als auch bei weiblichen Versuchspersonen bestätigen. „Es war für uns einfach schwierig, es zu glauben", berichtete Dr. Kawachi, „denn Kaffeetrinker rauchen mehr, konsumieren mehr Alkohol und klagen über mehr Streß. Das alles steht in Zusammenhang mit höheren Todesziffern."

So bezogen er und seine Kollegen alle diese Faktoren in ihre achtjährige, umfassende *Nurses Health Study* (Krankenschwestern-Gesundheitsuntersuchung) an 86.626 Frauen mit ein. In *Monday's Archives* der *International Medicine* wurden folgende Ergebnisse veröffentlicht: Bei Krankenschwestern, die 2–3 Tassen täglich zu sich nahmen, war die Selbstmordwahrscheinlichkeit um 70 % geringer als bei „Nichtkaffeetrinkerinnnen". Die Häufigkeit tödlicher Autounfälle war um 76 % geringer.

Die positiven Wirkungen des Kaffees würden von den Eigenschaften des Coffeins als Munter- und Stimmungsmacher herrühren, meint Dr. Kawachi. Es ist jedoch möglich, daß einige suizidgefährdete Menschen Kaffee meiden, weil er die Wirkung von Antidepressiva beeinflußt. Auf jeden Fall würde er depressiven Menschen nicht empfehlen, herkömmliche Behandlungsmethoden durch Kaffeekonsum zu ersetzen. Die Hypothese sei, daß Coffein bei gesunden Menschen das Abrutschen in eine Depression verhindern könnte. Seiner Meinung nach sollte dazu ein Forschungsprojekt durchgeführt werden.

Einige Studien befaßten sich mit den Hypothesen, daß Coffein möglicherweise die Fruchtbarkeit von Frauen beeinträchtigen und im Zusammenhang mit Herzerkrankungen stehen könnte. Bis heute wurde keine dieser Vermutungen bestätigt.

Es ist nicht beabsichtigt, hier die verschiedenen Wirkungen des Coffeins als Arzneimittel zu besprechen. Vielmehr soll auf die Bedeutung des Genußmittels Bohnenkaffee in der unterstützenden Kankheitsbehandlung aufmerksam gemacht werden. Zahlreiche Krankheiten, insbesondere solche von langer Dauer, können zu Gemütsverstimmungen, Zweifeln an der eigenen Person bis hin zu tiefen Depressionen führen. Der Kaffee kann einen dabei unterstützen, sein seelisches Gleichgewicht wiederzufinden, er hebt die Stimmung, ohne daß es zu gefährlichen euphorische Auswüchsen.

Um Kaffee von vollendetem Geschmack genießen zu können und gleichzeitig einen bekömmlichen Kaffee zu haben, der zudem für sensible Organe bekömmlich ist, also Symptome wie Sodbrennen, Magenschmerzen, Schweißausbrüche oder Gedankenflucht hintanhält, beachten Sie folgende Kriterien:

- eine gepflegte Gourmet-Kaffeesorte auswählen
- eine reine Arabica-Mischung kaufen
- Wahl der Zubereitungsmethode: Am bekömmlichsten ist ein Aufguß, gefolgt von Espresso und Türkischem Kaffee. Entscheidend für die Bekömmlichkeit ist der Anteil an Alkaloiden, der beim Türkischen Kaffee am größten ist.

Coffeinentzug

Die medizinische Forschung beschäftigte sich nicht nur mit den Auswirkungen des Kaffeetrinkens, sondern untersuchte auch die Begleiterscheinungen von Kaffeeentzug. Nach einigen Jahrhunderten des „erlaubten" Kaffeetrinkens hat man entdeckt, daß gut die Hälfte der Kaffeeanhänger, wenn sie auch nur einige wenige Tage keinen Kaffee trinkt, über Kopfschmerzen klagt, die andere Hälfte dadurch nicht beeinträchtigt wird. Manche Personen, denen „ihr" Kaffee entzogen wurde, haben aber nicht nur unter Kopfschmerzen gelitten, sondern auch Symptome wie Schläfrigkeit, Ermüdung und Depressionen gezeigt. Untersuchungen zur Demonstration dieser Effekte wurden von der Psychiatrie und Abteilung für Verhaltensforschung an der John Hopkins Universität in Baltimore, Maryland, von den Ärzten Kenneth Silverman und Erik Streit durchgeführt. Die Untersuchungen wurden in der Ausgabe des *New England Journal of Medicine* am 15. Oktober 1992 unter dem Titel *Entzugssyndrom nach Double Blind – Verringerung des Coffeinverbrauches* veröffentlicht. Die Bezeichnung „Double Blind" bezieht sich auf die Tatsache, daß weder die Patienten noch die Ärzte gewußt haben, wer von den Testpersonen Coffein konsumiert hatte und wer nicht. Bei Voruntersuchungen haben die Ärzte festgestellt, daß bei denjenigen, die den Kaffeekonsum einstellten, spezielle Symptome auftraten – allerdings ist die Intensität der Folgen des Kaffeeentzuges schwierig zu messen. Diese Untersuchungen wurden gemacht, um die Auswirkungen zu klären, die bei vielen Menschen beim Entzug von regelmäßigen Coffeineinnahmen auftreten.

Zur Untersuchung wurden 62 Erwachsene ausgewählt, deren Coffeinkonsum „niedrig bis mäßig" war. Als „normal" wurde eine tägliche Menge von 235 mg angenommen, was ungefähr zwei Tassen Kaffee entspricht. Die Testpersonen füllten in der Periode normalen Kaffeekonsums Bögen mit Fragen zu Befinden und Symptomen aus. Nach einer Testdauer von 48 Stunden, während der die Testpersonen keinen Kaffee, im Double-Blind-Fall coffeinfreie Pillen oder Pillen mit entsprechendem Coffeingehalt bekommen haben, wurden die Ergebnisse analysiert.

Die psychiatrischen Tests bezüglich Unschlüssigkeit, eingeschränkter Arbeitsfähigkeit und Ermüdung ergaben, daß alle diese Eigenschaften während der coffeinfreien Periode in mäßigem Grad aufgetreten sind, ebenso Verwirrtheit und totale Stimmungsstörungen. Vitalität, Freundlichkeit, Wohlbefinden, Wille zur Arbeit oder zu sozialen Aktivitäten waren gemindert. Vermehrt traten Schläfrigkeit, Ermüden, Gähnen und Energielosigkeit auf.

Der Coffeinentzug hat alle Aspekte der Leistungsfähigkeit beeinflußt. In allen untersuchten Bereichen unterschieden sich die Ergebnisse aus der coffeinfreien Testperiode deutlich von jenen aus der Zeit unter normalen Bedingungen. Energie und Selbstzufriedenheit waren ohne Coffein eindeutig gedämpft.

Statistisch wurde die Härte der Effekte des Coffeinentzuges bewertet, indem man das Auftreten anormaler Reaktionen (in Prozenten) nach verschiedenen Kriterien verglichen hat. So traten z. B. während der Einnahme von coffeinfreien Pillen bei 52 % mäßige bis starke

Kopfschmerzen auf, wogegen im Fall der coffeinhaltigen Pillen diese nur bei 6 % festgestellt wurden.

Weiters wurde ein physischer Test, der Klopftest, durchgeführt. Die Testpersonen sollten in drei Versuchen mit Pausen von ca. 10 Sekunden so schnell sie konnten zweihundertmal auf ein Objekt klopfen. Bei dem Versuch nach der Einnahme der coffeinfreien Pille war die Klopfgeschwindigkeit deutlich geringer als in den zwei anderen Fällen, wo die Werte sich nicht wesentlich unterschieden. Das zeigt, wie die Leistung ohne Coffein sinkt. Die Autoren bestätigen, daß „normale" Erwachsene bei plötzlichem Einstellen des täglichen Coffeinkonsums klinische Entzugssymptome zeigen. Die Hälfte der Testpersonen hatte mäßige oder schwere Kopfschmerzen. Die Tatsache, daß die andere Hälfte nicht beeinträchtigt war, blieb ungeklärt, wäre aber eine Untersuchung wert. Ungefähr 8–11 % hatten Symptome wie Depressionen und Angstgefühle. 13 % brauchten während der coffeinfreien Periode Analgetika. Auch ihre motorische Leistung war gestört.

Dieses Ergebnis könnte für praktische Ärzte wertvoll sein. Sie sollten öfters Coffein verschreiben gegen Angstgefühle, Arythmie des Herzschlages oder Schlaflosigkeit. Andererseits sollten auch Chirurgen ihren Patienten Kaffee nicht verbieten, um Erscheinungen des Coffeinentzugs zu vermeiden.

Die mit dem Coffeinentzug verbundenen Erscheinungen waren den „chronischen Kaffeegenießern" seit Jahrhunderten bekannt. Es sollten mehr Untersuchungen über den Mechanismus als über die Folgen gemacht werden.

Wirkungen auf Körper und Seele

Wissenschaftler und Ärzte haben sich eingehend mit dem Genußmittel Kaffee beschäftigt, immer wieder wird in den Medien über ihre Erkenntnisse und Aussagen berichtet.

Zitate aus dem *Medizinischen Monatsspiegel:* „Der Kaffee ist ein Getränk des geistigen Arbeiters par excellence. Da er die höheren Funktionen des Gehirns anregt, die geistigen Kombinationen erleichtert (Getränk der Schachweltmeister), die Urteilskraft erhöht, die Assoziationen vermehrt und das Farbensehen, besonders für Rot, erleichtert." (Wichtig für Autofahrer, besonders nach einem Heurigenbesuch in Grinzing!)

„Wegen seiner Fähigkeit Depressionen zu beseitigen, stellt er auch ein angenehmes und wertvolles Psychotikum dar, das nicht nur über die Stimulierung der Großhirnrinde wirkt, sondern auch die Sinne durch Geruch und Geschmack angenehm anregt."

„Vorerst ist wichtig festzustellen, daß ein guter Kaffee anregen und erfrischen, aber nicht erregen soll."

Artikel im *Kurier* vom 30. August 1992: „Verblüffendes Ergebnis ärztlicher Tests. Kaffee senkt Infarktrisiko."
(Studienleiter Univ.-Prof. Dr. Bernd Binder, Institut für medizinische Physiologie der Universität Wien)

Zitat aus einem Artikel zum Thema „Kaffee und Cholesterin": „Filterkaffee läßt LDL und HDL ansteigen."
Baltimore. „Eine neue Studie bringt Licht in das Dunkel um den Filterkaffee und seinen Einfluß auf den Serumcholesterinspiegel."
Nach einer Untersuchung von Dr. T. A. Pearson, Joan Hopkins Medical School: „An Probanden mit normalen Cholesterinwerten, die täglich dreiviertel Liter tranken, steigt das Serum Gesamtcholesterin um etwa 10 mg pro Deziliter. Gleichzeitig steigt auch das LDL-Cholesterin um etwa 6 mg pro Deziliter und das HDL-Cholesterin um etwa 4 mg pro Deziliter. Fazit: Der Cholesterinspiegel steigt zwar beim Genuß von Filterkaffee, aber da sowohl LDL als auch HDL steigen, erhöht sich das atherogene Risiko nicht."

Kaffee in der Diätetik
Bei allen großen Fortschritten der medikamentösen Therapie, die besonders das letzte Jahrzehnt auf allen Gebieten der Inneren Medizin gebracht hat, bleibt die Diätetik auch weiterhin ein Hauptbestandteil der Behandlung. Besonders bei chronischen Krankheiten und in vielen anderen Fällen ist auch heute noch der Diätetik der Vorrang zu geben. Eine Diät ist aber oft lebenslang einzuhalten und ihre zweckmäßige und gewissenhafte Durchführung bestimmt nicht selten die Prognose der Krankheit.
Kaffee enthält null Kalorien. Eine Tasse Kaffee mit einem Eßlöffel Milch und einem Teelöffel Zucker zählt 39 Kalorien. Die Diätetik ist eine Kunst, die in unserem modernen Zeitalter von vielen Ärzten leider entweder nicht mehr ausreichend beherrscht oder ungenügend berücksichtigt wird. Sie ist eine Kunst des Erlaubens, nicht des Verbietens. Sie besteht also nicht darin, dem Patienten systematisch alles zu versagen, sondern im Rahmen der Möglichkeiten zumindest einige

Zugeständnisse an seine Bedürfnisse, seinen Geschmack und seine Lebensgewohnheiten zu machen. Je strikter eine Diätvorschrift, desto geringer die Chance, daß der Patient sie auf Dauer einhält.

Ein systematisches Verbot von Genußmitteln wie Alkohol, Nikotin und Bohnenkaffee führt hier zwangsläufig zu Übertretungen, denn nur sehr wenige Menschen können auf Dauer auf alle kleinen Genüsse verzichten, die ihnen das Leben angenehmer gestalten. Besonders über den Bohnenkaffee, vor allem über das Coffein, bestehen bei vielen Ärzten Unklarheit und falsche Vorstellungen von seinen Wirkungen auf die Gesundheit. Abgesehen davon, daß Bohnenkaffee für viele Menschen ein Lebenselixier ist, hat auch das darin enthaltene Coffein nicht nur die Bedeutung eines Stimulans, sondern darüber hinaus die erwünschte Wirkung eines Medikaments. Der Bohnenkaffee ist daher nicht nur Genußmittel, sondern auch wirksames und damit begrüßenswertes Heilmittel.

Kaffee und Verdauung

Daß Kaffee auf die Verdauung anregend wirkt, ist eine Tatsache, um die man schon lange weiß. Nicht zu Unrecht wird Kaffee nicht nur zum Frühstück, sondern im besonderen nach reichlichen Mahlzeiten auch zur Förderung der Verdauung genossen. Die anregende Wirkung des Frühstückskaffees haben viele Ärzte an sich selbst erprobt, und sie hören täglich darüber von ihren Patienten. Immer wieder kann man hören, daß nach morgendlichem Kaffeegenuß prompter Stuhlgang folgt.

Kaffee und Alkohol — das ist Wachen und Schlaf!

Alkohol ermüdet, Kaffee weckt den Lebensgeist. Deshalb ist Kaffee für alle Menschen, die anstrengende Nachtdienste verrichten müssen und große Verantwortung für Leben und Gut anderer Menschen tragen, nahezu unentbehrlich und unersetzbar geworden.

Jeder verantwortungsvolle Dienst erfordert Wachsamkeit und Aufmerksamkeit. Je schwieriger die zu erledigende Aufgabe ist, desto eher kommt es zum Ermüden, das unser Tätigsein erschwert und mit unserem Willen, unserem Pflichtgefühl und unserem festen Vorsatz in Kampf tritt. In solchen Fällen genügt es nicht, uns voll auf eine

Sache zu konzentrieren. Wir beginnen und müssen wieder aufhören, weil uns die Kraft fehlt. Also müssen wir ein Mittel finden, welches uns geistig und körperlich anspannt, ohne daß nach vorübergehender Expansion ein Rückschlag erfolgt, welcher unserer Gesundheit schadet. Ich meine damit Dopingmittel wie Strychnin, Arsen, Cola, Mangan usw., welche wohl zu einem plötzlichen Anschwellen der geistigen und körperlichen Leistungsfähigkeit führen, jedoch die dauernde Elastizität von Nerven und Muskeln beeinträchtigen. Die geistig und körperlich Tätigen stillen ihren Durst häufig mit alkoholischen Getränken, da diese nicht nur durstlöschend wirken, sondern auch die Kräfte des Körpers wiederbeleben und Schwächegefühle beseitigen. Da den Beamten und Angestellten der Polizei, der Feuerwehr, der Eisenbahn, des Rettungswesens, die schwere Nachtarbeit zu verrichten haben, der Genuß von Alkohol im Dienst wegen seiner bekannten schädlichen Auswirkungen verboten ist, muß ein anderes, harmloses Stimulans herangezogen werden, welches anregt und aneifert, ohne einen Rauschzustand mit anschließender Ermüdung auszulösen. Dieses Heil- und Kräftigungsmittel ist der Kaffee, dessen wohltuende, erfrischende und aufpulvernde Wirkung wir aus eigener Erfahrung kennen. Wir alle wissen, daß er Müdigkeit und Mattigkeit vertreibt und die Arbeitskraft und geistige Leistungsfähigkeit in bemerkenswertem Ausmaß steigert.

Die Arbeitsphysiologie beweist, daß Präzisionsarbeiten nur auf Kosten von Exaktheit schneller durchgeführt werden. Kaffee fördert geistige Leistungen und verbessert gleichzeitig deren Qualität. Dies ist deshalb wichtig, weil der verantwortunsvolle Eisenbahndienst, zum Beispiel, auch einen gewissen seelischen Anteil erfordert. Bei beruflicher Überanstrengung, vornehmlich in der Nacht, wenn der Schlaf die Augen der Diensthabenden zuzudrücken droht, wirken ein bis zwei Tassen schwarzer Kaffee Wunder. Mit kleinen, individuellen Verschiedenheiten verschwinden hemmende Müdigkeitserscheinungen nicht nur aus dem Geist, sondern auch aus dem Körper. Die geistige und körperliche Regsamkeit erwacht wieder, angenehme Frische und Kräfte kehren ein. Hand in Hand damit kehrt die Arbeitsfreude zurück. Das Durchhaltevermögen erhöht sich, und das subjektive Befinden nimmt euphorischen Charakter an.

Kaffeegenuß während des Lösens von Rechenaufgaben vermindert die Fehlerzahl, auch können in kürzerer Zeit mehr Beispiele gelöst werden. Die geringste Steigerung ist bei schwerer körperlicher Arbeit wahrnehmbar, gefolgt von stereotyper manueller Arbeit. Höchstleistungen weist die psychische Leistungsfähigkeit auf, welcher speziell im Bahndienst große Bedeutung zukommt.

Kaffeegenuß bei Krankheiten

Bohnenkaffee ist ein Leistungsstimulans, dessen sich der Arzt vielfach zu therapeutischen Zwecken bedient. Für die unterstützende Behandlung bei Krankheiten verschiedener Fachgebiete hat sich der Bohnenkaffee unentbehrlich gemacht. Der Gesunde bedient sich des Kaffeegetränks zur Hebung seines Wohlbefindens und seiner geistigen Spannkraft. Der Kranke, der in seinen Lebensfunktionen gestört ist, bedarf des Kaffees mehr als der Gesunde. Für ihn ist er oft Arznei.

Die Ernährungstherapie ergänzt und unterstützt die anderen Heilverfahren. Sie ist Teil eines Gesamtplanes. Viele Behandlungen kommen erst durch eine ergänzende Diät voll zur Wirkung. Der Heilerfolg durch Krankenkost ist nur auf wenige Faktoren zurückzuführen. Man begegnet häufig der Auffassung, daß für kranke Menschen coffeinhaltige Getränke grundsätzlich zu verbieten seien. Das würde bedeuten, daß der Bohnenkaffee in der Krankendiät nichts zu suchen hat. Viele Ärzte reagieren äußerst zurückhaltend, wenn der Patient den Wunsch nach einer Tasse Bohnenkaffee äußert. Bedauerlicherweise sind die Ärzte mit Kaffeeverboten meist viel zu schnell bei der Hand. Dr. Nonnenbruch hingegen meint: „Der Kampf gegen das Coffein als Herzgift ist unbegründet."

Bohnenkaffee ist zwar für den menschlichen Organismus und einen vitalen Körper nicht unbedingt notwendig, wird aber besonders für den kranken Menschen zu einem seelischen Bedürfnis – wegen seines angenehm würzigen Geschmacks und der bekannten kräftigenden Wirkung sehnt sich der Kranke nach Kaffee. Der Arzt, der diesem Verlangen nachgibt, sichert sich somit die Mithilfe des Patienten beim Gesundungsprozeß.

Blutzucker

Bohnenkaffee kann bei Vorliegen eines *Diabetes mellitus* getrunken werden. Der wirksame Bestandteil des Bohnenkaffees, das Coffein, beeinflußt den Blutzucker des Menschen nicht, wie aus klinischen Beobachtungen hervorgeht. Dosierungen von 0,4 Gramm zeigt, sowohl bei subkutaner als auch bei intravenöser Zufuhr, keine Wirkung aus den Blutzucker. Es konnte weiters festgestellt werden, daß die Röststoffe im Bohnenkaffee, soweit sie karamelisiertem Zucker ähnlich sind, gut assimiliert werden und keinerlei schädliche Wirkung ausüben.

Gicht

Wenn es der Wissenschaft auch noch nicht gelungen ist, das eigentliche Wesen der schmerzhaften Stoffwechselstörung Gicht zu erklären, so weiß man doch soviel, daß man sie diätisch und medikamentös erfolgreich behandeln kann. Dem Gichtleidenden kann man die Befürchtung nehmen, daß der Genuß von Bohnenkaffee einen nachhaltigen Einfluß auf Entstehung und Verlauf seiner Beschwerden haben könnte.

Tumorbildung

Wissenschaftler vermuten, daß Kaffee vor Tumorbildung schützt. Dr. Hugget aus der Schweiz demonstrierte, wie Fettbestandteile des Kaffees unter Umständen Überreaktionen von aktiven Zwischenbausteinen der DNA im Zellstoffwechsel so verändern, daß sie den Krebs im Anfangsstadium aufhalten können.
Prof. Suzuki vom Japanischen Lebensmittelforschungsinstitut berichtet ergänzend über ein großes Forschungsvorhaben, bei dem nach krebshemmenden Stoffen in Lebensmitteln gesucht wird. Das staatliche Institut beschäftigt zur Zeit eine große Anzahl von Wissenschaftlern, die sich speziell mit den Eigenschaften von Kaffee befassen.

Roasting Today

Valentine *Coffee*
of the **WEEK**

ETHIOPIAN YIRGACHEFFE
Rich & Fragrant
$12.00 PER 250G
Coffee for Lovers

See **INSTORE** for the **PERFECT**
Valentine Gift
ETHIOPIAN YIRAGCHEFFE
& CÔTE D'OR
CHOCOLATES

COOL
TEAS
DILMAH PEACH
INFUSION and

ICED
Coffees

Sprüche über Kaffee

Man kann keine einzige Seite Politik-, Literatur- oder Kunstgeschichte über das 19. Jahrhundert schreiben, ohne ein Kaffeehaus zu erwähnen. Im Laufe eines Jahrhundert erlangten die Cafés die Bedeutung von politischen und akademischen Herrenclubs.

Piero Bargellini, ehem. Bürgermeister von Neapel

Geh'n wir noch ins Café,
Eh' der Morgen graut!
Ihr trinkt 'nen Berliner,
Ich 'ne Schale Haut!
Ja, des Nachts im Café
Ist's fidel und nett.
Und eh' man nicht sein Schälchen hat,
Da geht man nicht zu Bett!

Paul Linke

Ei, wie schmeckt der Coffee süße,
lieblicher als tausend Küsse,
milder als Muscatenwein.

Johann Sebastian Bach

Der Kaffee ist zu Paris sehr im Schwange. In den Häusern, wo man ihn ausschenkt, weiß man ihn so zuzubereiten, daß er den Trinkern Geist verleiht: beim Weggehen mindestens glaubt keiner, er habe nicht viermal soviel davon, wie er besaß, bevor er eintrat.

Charles de Secondat, Baron de la Brède et de Montesquieu

Eher will ich Männer hassen,
als den lieben Kaffee lassen.

Anonymer Spottvers auf „Kaffeeschwestern"

*Wenn du zum Weibe gehst, halte dich frei von Sorgen und sei fröh-
lich. Auch sollst du nicht zu reichlich gegessen, wohl aber einen stär-
kenden Kaffee getrunken haben.*

Scheich Hafzawi, 1516

*Caffee schlägt alle Dünste nieder
Caffee verscheucht der Sorgen Schwarm
Caffee belebt die matten Glieder
und unterdrückt den innern Harm.
Sogar die unverschämten Flöh'
verjagt den Jungfern der Caffee!*

Ein anonymer Kaffee-Enthusiast, 1757

*Kaffee heißt Kraft und gibt auch Kräfte,
er strenget den Nerv' und Sinne an,
daß er das ehelich' Geschäfte
mehr fördern als verhindern kann;
sein Öl und Salz reizt zu der Liebe,
sein Mehl erregt die Zeugungstriebe.*

„Sexzeiler" aus Ulm, 19. Jahrhundert

*Der Kaffee kommt in den Magen, und alles gerät in Bewegung: die
Ideen rücken an wie Bataillone der Gande Armée auf einem Schlacht-
feld.*

Honoré de Balzac

*Kaffee die Politiker weise macht,
damit sie können erkennen,
was sonst verhüllt das Dunkel der Nacht.*

Alexander Pope

Bildnachweis

Historisches Museum der Stadt Wien: 29, 87
Bildarchiv Preußischer Kulturbesitz, Berlin: 91
CONTRAST/Sidali-Djemidi: Umschlagfoto
CONTRAST/Andreas Bruckner: kleines Umschlagfoto
CONTRAST/Erika Craddock/Science Photo Library: 2
CONTRAST/Gilles Martin: 104
Edward & Joan Bramah, Die Kaffeemaschine. Die Kulturgeschichte der Kaffeeküche. Stuttgart 1995: 11, 83, 99, 102 (Abdruck mit freundlicher Genehmigung der Blanckenstein Verlagsgesellschaft mbH, München bzw. von Edward und Joan Bramah)
Sammlung Viktor Kabelka: 26
Deutscher Kaffee-Verband: 54/55
Sammlung Julius Meinl: 79
Österreichische Nationalbibliothek Wien: 81, 97
Bildarchiv der Österreichischen Nationalbibliothek: 88
Nationalmuseum, Prag: 89
Jacobs Suchard Museum, Zürich: 95
Andreas Scheidleder: 61
Fotostudio Sophie Lesch, Baden bei Wien: Foto des Autors

Alle anderen Fotos sind Originalaufnahmen des Autors.

Die Rechtslage bezüglich der reproduzierten Bildvorlagen wurde – soweit möglich – sorgfältig geprüft; eventuell berechtigte Ansprüche werden bei Nachweis vom Verlag in angemessener Weise abgegolten.

Inhalt

Vorwort ... 5
Einleitung ... 7

Der Weg zur guten Tasse ... 9
Faustregeln zur Kaffeequalität ... 9
> Qualität der Bohnen 9, Wasser ist nicht gleich Wasser 10
> Zu beachten beim Mahlen, Dosierung der Portion 12
> Kaffee kochen, Kaffee zubereiten 14
> Beispiel Filteraufguß 15

Kaffee in der Gastronomie ... 17
> Kaffeeautomaten 18, Espresso und Creme 19

Kaffeezubereitung im Haushalt ... 20
> Türkische Zubereitung, Karlsbader Zubereitung 20
> Die Haushaltskaffeemaschine mit Papierfilter 21
> Vollautomatische Kaffeemaschinen, Espresso für Zuhause 22

Kaffeespezialitäten ... 23
> Mokka 23, Konsul, Der Braune, Kaffee verkehrt, Melange,
> Kapuziner, Cappuccino, Verlängerter 24, Wiener Einspänner,
> Gewürzkaffee, Der Obermayer, Türkischer Kaffee, Fiaker 25
> Wiener Kaffeetorte 26

Kaffee für jede Gelegenheit ... 27
> Kaffee zum Frühstück 27, Kaffeejause, Kaffee nach dem Essen,
> Kaffee nach Alkoholgenuß 28

Werden Sie Kaffeesommelier! ... 29
Wie wird richtig verkostet? ... 30
Der Kaffeesommelierwagen – eine Weltneuheit! ... 31
> Vorteile des Sommelierwagens 31

Die Kaffeepflanze ... 33
Kultivierung in Plantagen ... 33
> Bodenbeschaffenheit 33, Höhenlage, Klimabedingungen 34
> Standortansprüche von Arabica- und Robusta-Arten, Schädlinge 35
Die Ernte ... 36

Aufbereitung der Kaffeekirschen ... 38
> Trockene Aufbereitung 38, Nasse Aufbereitung 40

Der Röstvorgang ... 46
> Abbrechen des Röstvorganges 47, Rösten ist nicht gleich Rösten,
> Veränderungen des Kaffearomas im Laufe der Lagerung 48
> Bestandteile des gerösteten Kaffees 50, Entcoffeinierung 52

Kaffee im Welthandel ... 53
Karte: Die wichtigen Kaffee-Produktionsländer ... 54/55
Entwicklung des Kaffeekonsums 56
Akteure im Kaffeegeschäft 57, Kaffeepreis 59

Qualitätskriterien ... 60
Hinweise zur Bewertung der Rohware ... 60
Farbton der Bohne, Beschaffenheit der Bohnenmasse 60, Schnitt-
beschaffenheit, Bohnenform, Bohnengröße 61, Silberhäutchen,
Gehalt an Fehlbohnen 62, Geruch, Tassenprüfung, Was versteht
man unter hartem und weichem Kaffee?, Welche Ernte soll der
Röster kaufen? 64

Klassifizierungen ... 66
Höhenlage der Anbaugebiete und Qualitätsbestimmung 66
Differenzierung nach der Herkunft 67, Differenzierung nach
der botanischen Zugehörigkeit 68, Die Bewertung von Brasil-
Kaffee 70, Eine weitere Klassifizierung des Rohkaffees nach der
Bohnengröße 73

Legenden um den Kaffee ... 75

Die Anfänge der Kaffeegeschichte ... 77
Die Urheimat des Kaffees 77, Die ersten Kaffeehäuser 79
Erkenntnisse eines Leibkaffeekochs 80

Wie der Kaffee nach Wien kam ... 85
Erste Belagerung Wiens durch die Türken ... 85
Zweite Belagerung Wiens durch die Türken ... 86
Der wundersame Nachlaß der Türken ... 93
Die Kreation der Wiener Melange 94, Die Anfänge des Kaffee-
siederwesens 96, Der Peyrerturm 98, Auszug aus der Konzession
für die ersten Wiener Kaffeesieder 100

Kaffee in der Medizin ... 105
Forschung ... 105
Coffein 105, Namhafte Ärzte über den Kaffee 106
Coffeinentzug 107
Wirkungen auf Körper und Seele ... 109
Kaffee in der Diätetik 110, Kaffee und Verdauung 111
Kaffee und Alkohol – das ist Wachen und Schlaf ... 111
Kaffeegenuß bei Krankheiten, Blutzucker 113
Gicht, Tumorbildung 114

Sprüche über Kaffee ... 116

Bildnachweis ... 118

Coffee from
Ethiopia